जब घुटती है साँस आदमी की

(कविताएँ)

जब घुटती है साँस आदमी की

दिविक रमेश

प्रलेक प्रकाशन प्राइवेट लिमिटेड
*in association with JVP Publication Pvt. Ltd.

ISBN : 978-93-909165-2-8

पहला पेपरबैक संस्करण : अगस्त 2021

प्रकाशक :
प्रलेक प्रकाशन प्राइवेट लिमिटेड
PRALEK PRAKASHAN PVT. LTD.

वितरक :
जेवीपी पब्लिकेशन प्राइवेट लिमिटेड
JVP PUBLICATION PVT. LTD.
602, आई-3, ग्लोबल सिटी
विरार (वेस्ट), मुम्बई, महाराष्ट्र-401303
दूरभाष : 9833402902 / 7021263557
Email : pralek.prakashan@gmail.com
Website : www.pralekprakashan.com

जब घुटती है साँस आदमी की : दिविक रमेश
Jab ghutati hai sans aadami ki : *Poems* of Divik Ramesh

आवरण : जेवीपी पब्लिकेशन प्रा.लि.

पुस्तक सज्जा : जेवीपी पब्लिकेशन प्रा.लि.

समर्पित
आप
सबको

क्रम

कुछ बातें

यह मेरा अद्यतन कविता-संग्रह है। आपको सौंपते हुए मुझे हमेशा की तरह बेहद खुशी है।

संग्रह के लिए कविताओं का चयन मेरे अनुजवत प्रो. अरुण होता ने किया है। मेरे अनुरोध पर। मैंने उन्हें लिखा था, 'इस समय के साहित्यिक परिदृश्य में सर्वोपरि निष्ठावान, ईमानदार और बहुपठित समालोचक समझकर भी कष्ट दे रहा हूँ।' यह पहली बार नहीं कहा था। अपने लेखों आदि में इस सच के संकेत देता रहा हूँ। संकीर्णाताओं और स्वार्थ भरे पूर्वाग्रहों से बोझिल माहौल में बहुत ही गिने-चुने आलोचकों में से एक हैं। मैं अरुण होता जी के प्रति आभारी हूँ। मेरे इस से पूर्व के संग्रह 'वहाँ पानी नहीं है' को छोड़कर मेरे सभी संग्रहों का चयन शमशेर बहादुर सिंह, त्रिलोचन, केदारनाथ सिंह, विष्णु खरे, अशोक वाजपेयी और नामवर सिंह जी जैसे समर्थ कवियों और विद्वानों ने ही किया है। यूँ 'वहाँ पानी नहीं है' की कविताओं के चयन के पीछे भी मेरे पाठकों की पसंदगी प्रमुख रही थी। मेरे दो संग्रह 'बाँचों लिखी इबारत' और 'वह भी आदमी होता है' पूर्व में चुनी गई लेकिन स्थनाभाव के कारण संग्रहों में आने से वंचित रह गई कविताओं के हैं। अत: अपने कविता-संग्रहों की यात्रा पर मुझे संतोष है और उनके लिए कविताओं के चयनकर्ताओं पर गर्व भी। अग्रजों से अद्भुत सहयोग मिला है, लेकिन अनुज से वैसा ही मिलना कितना जरूरी होता है यह छिपी हुई बात नहीं है।

बताना चाहूँगा कि सन 2021 मेरे लिए अपने जीवन के 75 वर्ष पूरे करने का भी समय है। कागजी तौर पर 6 फरवरी और असल में 28 अगस्त की तिथियाँ यह अवसर प्रदान करने के लिए सुनिश्चित हैं।

संग्रह की लगभग सभी कविताएं पत्र-पत्रिकाओं में प्रकाशित हैं। उन सबके प्रति हृदय से आभारी हूँ। मैं अपने परिजनों के प्रति भी आभारी हूँ जिनका सहयोग मेरी ऊर्जा बनकर हमेशा मिला है।

मैं प्रलेक प्रकाशन, मुम्बई और श्री जितेंद्र पात्रो का भी विशेष रूप से बहुत आभारी हूँ जिनके कारण यह संग्रह ससम्मान आप सबके हाथों में है।

दिविक रमेश

एल-1202, ग्रेंड अजनारा हेरिटेज
सेक्टर-74, नोएडा-201301

दिविक रमेश के कवि-कर्म की चिंता और सरोकार

"जब घुटती है साँस आदमी की
और देता है वह दर्द भरी चेतावनी
कि नहीं ले पा रहा हूँ साँस,
तो क्या नहीं होना चाहिए सावधान सत्ता को!
बहुत दूर नहीं होता टेंटुआ सत्ता का
आदमियों की पकड़ से
अगर चाह लें एक बार।"

हिंदी के महत्वपूर्ण कवि दिविक रमेश के सद्यतम कविता संग्रह की शीर्षक कविता की उपर्युक्त पंक्तियों के माध्यम से एक ओर कृतिकार के जनतांत्रिक मूल्य के प्रति आस्था का परिचय मिलता है तो दूसरी ओर उसके संवेदनात्मक धरातल की व्याप्ति का। एक ओर कवि ने सत्ता की नृशंसता को रूपायित किया है तो दूसरी ओर मानवता का गला घोंटने वाली क्रूर व्यवस्था के असली चरित्र से परिचित कराया है। शोषण, दमन, पीड़न, निर्यातन, अनाचार, अत्याचार, व्यभिचार, आदि सत्ता के लक्षण हैं। संसार के जिस भूभाग में और जिस अवधि में सत्ता के उल्लिखित लक्षण परिलक्षित होंगे, इस तरह की कविताओं की प्रासंगिकता असंदिग्ध बनी रहेगी। कविता का संदर्भ अमेरिका में अश्वेत जॉर्ज फ्लॉयड की श्वेत पुलिस द्वारा हत्या का है। लेकिन, कविता अमेरिका के भूगोल तक सीमित नहीं है। उस भौगोलिक सीमा से परे पहुँच जाती है। घटना 2020 की ज़रूर है, लेकिन कविता इस कालखंड का अतिक्रमण करती है। कवि की जीवनदृष्टि की ख़ूबसूरती इसमें है कि "बहुत दूर नहीं होता टेंटुआ सत्ता का/ आदमियों की पकड़ से/ अगर चाह लें एक बार।" जहाँ तक मेरी जानकारी है यह कविता अमेरिका में हाल-फ़िलहाल में नस्ल भेद आंदोलन के दौरान लिखी गयी थी और तब वहाँ आम चुनाव हुआ भी नहीं था। अश्वेतों पर ढाए जाने वाले अमानवीय जुल्मों के विरुद्ध आंदोलन चल रहा था। लेकिन यह आंदोलन केवल अश्वेतों का नहीं था, बड़ी मात्रा में श्वेतों ने भी इसका पूर्ण समर्थन किया था। उन्होंने इसमें पूरी निष्ठा के साथ शिरकत भी

की। ऐसा करके उन्होंने मानवता को सर्वोपरि मूल्य के रूप में स्थापित किया। अंततोगत्वा परिणाम यह हुआ कि सत्ता का टेंटुआ आमजन की पकड़ में आ गया। अभिजन की पराजय और आमजन की विजय। सत्ता की हार हुई और जनता की जीत। यह कविता का सौंदर्य है और कवि दृष्टि भी। निस्संदेह यह कविता हिंदी की बेहतरीन कविताओं में से एक सिद्ध होगी। इसमें अभिव्यक्त यथार्थ दशकों तक अपनी प्रासंगिकता और अर्थवत्ता बनाए रखने में समर्थ होगा। त्रासद स्थिति के साथ-साथ संघर्षशीलता और जिजीविषा को ख़ूबसूरती के साथ कविता में समन्वित किया गया है। ऐसा बहुत कम दिखाई देता है।

सच है कि धूमिल, रघुवीर सहाय, राजेश जोशी, मंगलेश डबराल, मदन कश्यप की तरह दिविक रमेश राजनीतिक कवि नहीं हैं। लेकिन, ऐसा भी नहीं है कि उनकी कविताओं में राजनीतिक चेतना का अभाव है। लगभग आधी शताब्दी के अपने कविकर्म में उन्होंने राजनीतिक चालाकियों, छल-छद्म, दुश्चक्र, स्वार्थपरता, अवसरवादिता आदि को उनकी कवि दृष्टि ने ओझल होने नहीं दिया है। कवि ने सियासत के खेल को मूक द्रष्टा बनकर बाहर से देखा भर नहीं है। उसे भोगा भी है। सत्ता की सियासत को कवि अपनी सूक्ष्म अंतर्दृष्टि के साथ 'सियासत महोदय' शीर्षक कविता में प्रभावशाली ढंग से अभिव्यक्त करता है :

"तुम सोच सकते हो
आग नहीं।

तुम बुझा सकते हो
आग नहीं।

तुम बचा सकते हो
आग नहीं।

लेकिन
यह तमाम समझ
आग लगने से पहले की है।

लगने के बाद तो
खुद का बचाव और सफाई ही रह जाती है—

है न
सियासत महोदय!"

किसी भी कालखंड में रचनाकार अपने समय और समाज की स्थितियों से जागरूक रहता है। इन स्थितियों से टकराते, लड़ते, भिड़ते, जूझते हुए वह जीवनानुभव अर्जित करता है। इस जीवनानुभव से उसकी दृष्टि विकसित होती है। विसंगतियों, विडंबनाओं, अंतर्विरोधों आदि का महज़ विवरण देना उसका उद्देश्य नहीं होता है। समाज की आँखों पर लगे पर्दे को हटाकर उसे यथार्थ की खुरदुरी ज़मीन पर खड़ा करना चाहता है। लोकतंत्र के नाम पर सत्ता के द्वारा प्रतिष्ठित अधिनायक तंत्र की दुश्वारियों को पाठकों के समक्ष उज्जीवित करता है।सत्ता के चरित्र की असलियत को उद्घाटित करने का प्रयास करता है। इस प्रयास में व्यंग्य और विद्रूप का माध्यम अपना ले तो कहन अधिक मार्मिक और असरदार सिद्ध हो जाता है। इस संग्रह की 'आदेश का राज', 'पहचानें तो', 'राजा का क्या दोष', 'वह ख़ास था' जैसी महत्वपूर्ण कविताओं से गुजर कर दिविक रमेश की कविताओं की चिंता और सरोकार से परिचित हुआ जा सकता है। जाति, धर्म, वर्ण, लिंग, भाषा, राष्ट्रीयता आदि के नाम पर जनता को गुमराह करने और उलझाए रखने की सत्ता की चालाकियों को कवि ने उघाड़ा है। मसलन, 'राजा का क्या दोष' कविता की कुछ पंक्तियाँ पढ़ी जा सकती हैं –

"राजा, राजा है
समझना चाहिए प्रजा को
देना होता है राजा को, राजा की ही तरह हुकुम।
झुकने को प्रजा होती है, राजा नहीं।
राजा जानता है—
डरना धर्म है प्रजा का,
सो डराते रहना चाहिए उसे, भूला कर उसकी भूख तक
राजा रक्षक होता है
और सीमा पार के देश, संभावित शत्रु,
समझाते रहना चाहिए प्रजा को।
राजा का क्या दोष।"

दिविक रमेश के अब तक प्रकाशित दस कविता संग्रहों की तरह इस नए संग्रह में भी कवि की जनपक्षधरता परिलक्षित होती है। कवि ने आमजन, शोषित, पीड़ित, दलित, उपेक्षित प्रवंचित और निर्यातित जनता की जीवन यंत्रणा तथा जिजीविषा को कविता में प्रस्तुत किया है। वह आम आदमी का पक्षधर कवि है। लेकिन उसकी पक्षधरता दया अथवा सहानुभूति जन्य नहीं है। न ही नारेबाज़ी और स्लोगनधर्मिता के सहारे साधारण मनुष्य के भावों को व्यक्त किया गया है। कवि की पक्षधरता और प्रतिबद्धता संवेदनशीलता से ओतप्रोत हैं। दिविक रमेश की कविताओं से गुजर कर यह स्पष्ट हो जाता है कि वे सामाजिक सरोकार के कवि हैं। इस संग्रह की कई

कविताओं में शोषण पर आधारित सामाजिक और आर्थिक व्यवस्था पर कहीं चिंता है तो कहीं गहरी चोट अंकित हुई है। इनमें युग संदर्भ और युग सत्य को उकेरने का सामर्थ्य विद्यमान है। 'रामसिंह कुछ नहीं सोचता' कविता की अधोलिखित पंक्तियों के माध्यम से कवि की चिंता ज़ाहिर होती है—

"खूड सी सलवटें लिए माथे पर
उठता है रामसिंह
और जा टकराता है
इक्कीसवीं सदी की चौखट से।
बैठ जाता है धम्म से
चकरा कर।

रामसिंह कुछ नहीं सोचता।"

उल्लेख करना अनुचित न होगा कि रामसिंह दिविक रमेश के अन्य कविता संग्रह में भी आया है। 'वहाँ पानी नहीं है' संग्रह में रामसिंह के चरित्र को अत्यंत कलात्मक और संवेदनशील ढंग से प्रस्तुत किया गया है। रामसिंह को मालूम है कि उसे जन्म मिला है लदने के लिए। कवि को एक अद्भुत ख़याल आता है कि अगर रामसिंह जानवर हो जाए तो वह कैसा महसूस करता? कवि के शब्दों में-—

"रामसिंह खुश होगा, लगता तो यही है
खुश होगा सींगों के लिए
थोड़ा और लाद सकेगा सामान सींगों पर
कुछ और सपनों के लिए।" (कड़ हाजिर है)

आम आदमी की विडंबनात्मक स्थितियों को कवि ने मार्मिकता के साथ चित्रित किया है।

कवि को पूरा विश्वास और भरोसा है कि सत्ता का विलोम रचने का साहस केवल संघर्षशील आमजन में है। विरोध और प्रतिरोध का स्वर केवल इसी वर्ग से संभव है। 'जय जय भारत देश', 'सावधान', 'प्रेत की पुकार', 'सड़क का आदमी' जैसी कविताओं में कवि की आम आदमी से संबद्धता और उसकी सफल अभिव्यक्ति के उदाहरण मिल जाते हैं। प्रतिकूल स्थितियों में भी कविका आम आदमी हौंसला नहीं हारता है—

"उठा देनी होंगी वे तमाम दीवारें
जिनकी ओट से
ये फिलहाल
अभिशाप देते हैं।

मैं, मरा नहीं हूँ मेरे साथियो,
अनुभव की तरह
तुम्हारे बीच हूँ।"

इसी क्रम में कवि की 'लौटने की तरह घर' कविता की भी याद आती है। इस कविता में श्रम के सौंदर्य और संवेदना का सुंदर सामंजस्य स्थापित हुआ है। दिन भर जी तोड़ मेहनत करने के बाद किसान और उसके बैलों के खेत से लौटने की तस्वीर को कवि ने सुंदर ढंग से बिंबित किया है। साथ ही संवेदना की व्याप्ति का चित्र भी अंकित किया है—

"रागिनी है किसान के पास और नशा भी।
बैलों के पास हैं चौड़े कंधों पर हिलती,
झूमती नाड़ की अदा।
चाल ऐसी कि हो शहीद की।

किसान अपने से पहले सहला रहा है हाड बैल के।
सुखा रहा है पानी, फिरा उम्मीदों पर।"

उल्लेख किया जा चुका है कि दिविक रमेश जनतांत्रिक मूल्यबोध के कवि हैं। जनतांत्रिक व्यवस्था में न्यायपालिका की भूमिका बड़ी महत्वपूर्ण होती है। लेकिन, पिछले कुछ वर्षों से यह भी संदेह और सवालों के घेरे से बाहर नहीं है।ऐसा होना जनतंत्र के समक्ष गंभीर चुनौती ही नहीं एक बड़ा संकट है। न्याय की तुला मनुष्य मात्र के लिए बराबर होनी चाहिए। लेकिन ऐसा नहीं हो रहा है। राजनीतिक सत्ता न्यायिक व्यवस्था को प्रभावित करती नज़र आ रही है। यह कवि के लिए गहरी चिंता बन जाती है। और सवाल करना इस कवि का बड़ा धर्म है।इस संदर्भ में 'आदेश का राज', 'वह ख़ास था' जैसी कविताओं का पाठ किया जा सकता है। "मैं नहीं समझ पा रहा/ आप क्यों चुप हैं न्यायाधीश?" जैसा सवाल न्यायपालिका के असली रूप को उद्घाटित करता है।

दिविक रमेश के इस नव्यतम संग्रह में उनकी स्त्री संवेदना से परिचित होने के लिए 'रामलक्खी', 'मूढ़मति पर बजर गिरे', 'मछुआरिन' आदि का सम्मिलित पाठ किया जा सकता है।कवि की स्त्री समाज के लिए चिंता से रू-ब-रू होने के लिए इन कविताओं की भूमिका सिद्ध हो सकती है। प्रसिद्ध कवि त्रिलोचन की महत्वपूर्ण कविता 'चंपा काले-काले अच्छर नहीं चीन्हती' से प्रेरित हो कर लिखी गई कविता की चंपा का अगला रूप है 'मूढ़मति पर बजर गिरे' की चंपा। यह चंपा समय और समाज की आवश्यकता के अनुरूप पाठकों के समक्ष प्रस्तुत होती है। कवि अपनी युगानुकूल दृष्टि के साथ प्रस्तुत करता है –

"कहा कि चम्पा

अब भी इतना क्या बिगड़ा है
अगर ठान लो अब भी मन में
तो जल्दी ही तुम देखोगी
साफ-सफेद—सूनी आँखों में
ज्योतित होते अक्षर अक्षर।"

स्त्रीको भी मनुष्य के रूप में देखना कवि का आग्रह है। उसने स्त्री के स्वाभिमान को घरेलू काम में सहायता करनेवाली कर्मजीवी स्त्री रामलक्खी के माध्यम से व्यक्त किया है—

"क्या कहते हो बाबूजी
इस मरे पेट की खातिर
दब्बू सही
पर भिखारिन नहीं हूँ
करती हूँ तो खाती हूँ।"

इस संग्रह की कविताओं से गुजर कर पाठक यह महसूस करेंगे कि कवि का लोगों से, अपनी प्रकृति और परिवेश से घनिष्ठ संबंध रहा है। आत्मीय रिश्ता है। गहरा प्रेम है। एक कोमल कवि हृदय की ईमानदार अभिव्यक्ति है दिविक रमेश की कविता। मनुष्य ही नहीं मानवेतर प्राणी, नदी, सागर, पहाड़ आदि से संबंधित कविताओं में कवि के संवेदनात्मक धरातल के साथ-साथ, उसकी चिंता और सरोकार का साक्षात्कार किया जा सकता है। साथ ही, ये कविताएँ कवि की जीवनदृष्टि का परिचायक हैं।

दिविक रमेश की कविताएँ जीवन के छोटे-छोटे अथवा अनलक्षित प्रसंगों, संदर्भों और घटनाओं को भी प्रचलित संदर्भों से इतर नया अर्थबोध समाहित करते हुए प्रस्तुत करती हैं।पुनः घर-परिवार-गाँव-क़स्बे से लेकर देश और विश्व की चिंताएँ उनके कवि-कर्म को बार-बार प्रेरित करती हैं। बच्चों से लेकर बूढ़ों तक को कवि ने अपनी काव्य-परिधि में समाहित किया है। कहने का आशय यह है कि प्रस्तुत संग्रह में वैविध्य है। वैविध्य विषय में है और उसके शिल्प में भी।कहीं कविता मुक्त छंद में है तो कहीं सॉनेट के रूप में। कहीं है लय और तुक की संगति। आकार की दृष्टि में भी इस संग्रह की कविताओं में विविधता मौजूद है। कहना न होगा कि किसी भी संग्रह में वैविध्य उसका एक बड़ा गुण होता है। इससे पाठक को एकरसता से मुक्ति मिलती है।

दिविक रमेश की कवि-कर्म में माँ जीवद्रव्य है। 'माँ गाँव में है' तो एक पूरा संग्रह है उनका। कवि जब माँ की बात करता है तो उसमें गाँव भी होता है। स्मृति उज्जीवित होती है। एक पूरा लोक आँखों के सामने खड़ा हो जाता है। 'उदासियाँ और माँ' एक बेहतरीन और बहुआयामी कविता है। संबंधों के छीजते और कराहते

दौर में इस कविता में माँ की अर्थवत्ता सिद्ध होती है। लोक और परंपरा से गहरे रूप से जुड़ कर ही ऐसी कविता लिखी जा सकती है। यहाँ माँ व्यक्तिवाचक नहीं, बल्कि जातिवाचक है। कवि के शब्दों में माँ के पारमार्थिक स्वरूप की सुंदर अभिव्यक्ति पढ़ी जा सकती है–

"माँ
न खोज पाती हो चाहे आशीर्वाद
खुद के लिए खुद में से
पर देने को होता है पूरा कोष
उसके पास
आशीर्वाद का।

कराहती हैं उदासियाँ
जब खदेड़ा जाता है उन्हें
इनसान को इनसान से लड़ाते बेड़ों में
कराहती है माँ भी
जब देखती है तनी
संतान को ही संतान के विरुद्ध।"

स्पष्ट है कि कवि मानवता का पक्षधर है। कवि के 'मैं' में स्वयं कवि जितना उपस्थित रहता है, उतना ही उसका समाज। इसलिए उसकी कविताओं में जितना उसका अंतर्मन अभिव्यंजित होता है, उतना ही उसके समय की धड़कनें। बिना लाग लपेट के कवि अपने मन की बातें पाठकों के सामने रख देता है संवाद की शैली में। इससे पाठक से कविता संबंध स्थापित करती प्रतीत होती है। समय और समाज के यथार्थ का चित्रण देखा जा सकता है–

"सच तो यह है
कि शर्म आई थी मुझे कि भक्त हूँ मैं ऐसे ईश्वर का!
जैसे शर्म आती है मुझे घोटालों पर घोटाले देखकर
अपने देश में
कि प्रजा हूँ मैं ऐसी सत्ता का।
कि जहाँ चुल्लू भर पानी केलिए भी
देनी पड़ती है रिश्वत
या बैठानी होती है जुगाड़ सिफारिश की।"

दिविक रमेश की कविताओं की सबसे बड़ी विशेषता है कि इनमें उदासी, हताशा, निराशा, तो हैं, लेकिन वे उदास, हताश, निराश नहीं करती हैं। अंधकार का चित्रण अवश्य है, लेकिन उस अंधकार की गहनता को दूर करते हुए प्रकाशोन्मुख

होने का सूत्र विद्यमान है।

दिविक रमेश का कवि कभी नाउम्मीद नहीं होता है। अन्य संग्रहों की तरह यहाँ भी कवि को उम्मीद का यह स्वर इसी जीवन-जगत से प्राप्त हुआ है। प्रस्तुत है इस संग्रह में संकलित 'बीन लेना चाहिए उम्मीदों को' शीर्षक कविता की कुछ पंक्तियाँ, जिनसे कवि की चिंता और उसके स्वप्न का पता मिल जाता है :

"ये उम्मीदें ही हैं
भले ही अभी, बची-खुची, सूखी-बुझी
जो फिर फूटेंगी,
होंगी हरी।
हिसाब
ये ही करेंगी
समय की क्रूरताओं का।
रख लेना चाहिए उम्मीदों को सहेज कर, छिपा कर।"

ख़ुशी की बात है कि इस संग्रह में युद्ध से संबंधित कविताएँ संकलित हैं। हिंदी में युद्ध संबंधी कविताएँ बहुत कम दिखाई पड़ती हैं। साथ ही, इस कविता पुस्तक में वैश्विक संदर्भ और चिंता संबंधी रचनाएँ भी प्रभावित करती हैं। 'विश्व के शांति शहर (बर्लिन) में', 'पतझड़ में कोरिया', 'शर्म आती है कि' जैसी कविताओं का पाठ इस संदर्भ में किया जा सकता है। इस पाठ के दौरान कवि की दृष्टि संपन्नता परिलक्षित की जा सकती है।

नागार्जुन, त्रिलोचन, केदारनाथ सिंह,शमशेर जैसे शीर्षस्थ कवियों की सोहबत में दिविक रमेश का कवि-कर्म फला-फूला है। लेकिन उन्होंने अपने ढंग से अपनी कविता यात्रा का विकास किया है।यह अपने आप में एक बड़ी उपलब्धि है। उनकी कविताओं की भाषा सहज और संप्रेषणीय है। कवि ने अपनी भाषा-शैली का ठाठ खड़ा किया है जो आरोपित नहीं, स्वाभाविक है। बोलचाल और स्थानीयता इस भाषा की बड़ी विशेषताएँ हैं। विगत शताब्दी के आठवें दशक से लेकर आज तक उनका सृजन-संसार निरंतर सक्रिय है। अगले वर्ष फ़रवरी/अगस्त महीने में दिविक रमेश अपने जीवन के 75 वर्ष पूरे करने जा रहे हैं। इसे ध्यान में रखते हुए कवि के ग्यारहवें कविता संग्रह में उसकी 75 कविताएँ चयनित की गयी हैं। दिविक रमेश ने मुझ जैसे सामान्य पाठक को स्नेहवश यह गुरू दायित्व सौंप कर कृतार्थ किया है। मुझमें यह पात्रता नहीं है। फिर भी, मुझे उम्मीद ही नहीं, पूर्ण विश्वास है कि जीवन के तमाम पहलुओं पर रची गयीं ये कविताएँ कविता प्रेमियों को रसास्वादन कराने में समर्थ होंगी।

अरुण होता

कोलकाता

नदी के पक्ष में

जहाँ से शुरु होती है
वहीं नहीं होती नदी।

नदी वहाँ भी होती है
जहाँ वह खत्म होती है
भले ही उसे समुद्र कह लिया जाए।

बीन लेना चाहिए उम्मीदों को

कोनों दरारों में बची-खुची दूब-सी उम्मीदों को
बीन लेना चाहिए, सम्भल-सम्भल कर, समय रहते
जल कर राख होने से पहले।

चुन लेना चाहिए सड़कों पर छपे नंगे पांवों की उँगलियों से
पगडण्डियों की हाँफती धूल से
रेल की पटरियों में पड़े पत्थरों से, बसों की बेरहम सीटों से
साइकिलों और रेहड़ियों के थके-टूटे पहियों से
और हर उस धौंस जमाती जगह से
जहाँ-जहाँ वह पड़ी है सुबकती-सी
भागते, हताश मजदूरों सी,
मृगतृषणाओं से भरी उनकी आँखों-सी।

चुन लेना चाहिए तमाम तिनके उम्मीदों के
खोज-खोज कर
छूटे पड़े हों चाहें कहीं भी –
हो चाहें सड़ांध मारते ग़टरों में, शिविरों में या मरुस्थली पड़ावों में।

चुन लेना चाहिए
चाहे कितना भी क्यों ना हो काम
अनचाहे मेहमान-सा
ये उम्मीदें ही हैं
भले ही अभी, बची-खुची, सूखी-बुझी
जो फिर फूटेंगी,
होंगी हरी।
हिसाब

ये ही करेंगी
समय की क्रूरताओं का।
रख लेना चाहिए उम्मीदों को सहेज कर, छिपा कर।

जब घुटती है साँस आदमी की

[अमेरिका में (अश्वेत) जॉर्ज फ्लॉयड की (श्वेत)
पुलिस द्वारा हत्या से प्रेरित]

जानता था
क्रूरतम होते हैं सत्ता के पैर, उसके घुटने, उसके खुर।
छीन सकते हैं साँस तक
कुचल कर आदमी की,
जब चाहे सरेआम।

पर नहीं जानती थी क्या सत्ता
जब कुचलती है वह,
करती है क्रूर हत्या आदमी की
तो निकल पड़ते हैं काफिले के काफिले
आदमियों के
बाँधे सर पर कफन।

जब घुटती है साँस आदमी की
और देता है वह दर्द भरी चेतावनी
कि नहीं ले पा रहा हूँ साँस,
तो क्या नहीं होना चाहिए सावधान सत्ता को!
बहुत दूर नहीं होता टेंटुआ सत्ता का
आदमियों की पकड़ से
अगर चाह लें एक बार।

इतिहास गवाह है
जब भी नहीं लेने दी गई साँस आदमी को
आदमी निकला है बाहर

हिली हैं सड़कें,
उफने हैं समुद्र,
नदियाँ बँधी हैं,
खोद ली गई हैं राहें
बड़ी से बड़ी मजबूत दीवारों में।

क्या नहीं जानती थी सत्ता
बहुत भयावह होता है
आदमी का जा जुड़ना आदमी से,
बहुत भयावह होती है
आदमी की वह मौत
जो धार लेती है रूप, हर आदमी की मौत का।

बहुत दयनीय हो जाती है तब सत्ता
अपने क्रूरतम रूप में खड़े
ढहते बुत की तरह।

क्या नहीं जानती थी सत्ता
एक आदमी की क्रूर हत्या
खोल कर रख देती है पूरा का पूरा बही-खाता
हत्याओं का।

जानना चाहिए था
जान लेना चाहिए सत्ता को
बहुत खतरनाक होता है
आदमियों से भी ज्यादा
बंद कर देना
आदमी की साँस को।

सीढ़ी भर

अच्छा लगता है जब
बढ़ जाते हैं कुछ लोग
सीढ़ी बनाकर आपको
और कभी नहीं भूलते कहना
न होती आपकी सीढ़ी
तो कहाँ चढ़ पाते।

जीना, जीना हो जाता है।

अच्छा लगने पर
सच सुनकर भी
कितने विनम्र हो जाया करते हैं हम,
एक अच्छी परम्परा के प्रति
समर्पण की तरह
और न, न की मुद्रा में
कह दिया करते हैं
नहीं, तुम चढ़ो
और और चढ़ो
यही तो उपलब्धि है मेरी
गर्व है तुम पर।

लेकिन बुरा लगता है,
बस लगता है
भले ही न बता पाऊँ क्यों
जब
बनाने के बाद सीढ़ी

चढ़ा हुआ आदमी
सीढ़ी तक नहीं मानता आपको,
छोड़िए आदमी की तो।

बल्कि ऐसे देखता है
जैसे देखा जाता है
किसी बेवकूफ बन चुके आदमी को
जैसे देखा जाता है
किसी काम की न रह गई, बुसी रोटियों को।

आगे क्या लिखूं
लिखने की आवश्यकता है भी कहाँ?
लो लिखा है
आखिर है तो समझदारों के लिए ही न
अब वही जानें।

मैं तो
इतना भर जानता हूँ
कि सीढ़ी भर बन कर रह गया हूँ
फिर एक बार।

गुजारिश बस इतनी है
कि गौर कीजिए
'फिर' पर
जो नहीं है शब्द भर।

और यदि सीढ़ी हैं आप भी
तो गौर करें
कुछ ज्यादा ही।

जय जय भारत देश

वे
जिनके पास कोई घर नहीं
अकसर उन्हीं के पास
दिखते हैं घर घोंसलों से।

वे
जो अकसर सो जाते हैं भूखे
दिखने में सबसे तृप्त होते हैं।

वे
कोई भाग्य नहीं जिनका
अकसर सबसे ज्यादा
पूजते हैं भाग्य को।

वे
जिनके पास कुछ नहीं होता
अकसर उन्हीं को देखा है तत्पर
लुटाने को सबकुछ।

वे
जो खुद गुजर करते हैं भीख माँग कर
ईश्वर से माँगते हैं समृद्धि
दाताओं की।

वे
जो अकसर जरूरी हैं हर काम में

वही नहीं पूछे जाते कहीं भी।

वे
जिनमें बसी हैं आँधियाँ, शोर और चट्टानें
सबसे ज्यादा शांत, चुप और कमजोर
नजर आते हैं अकसर।

लौटने की तरह घर

लौट रहा है किसान।
अपनी थकान पर उम्मीद की गठ्ठरी उठाए
लौट रहें हैं उसके बैल भी
हल्का भार लिए हल का।

रागिनी है किसान के पास और नशा भी।
बैलों के पास हैं चौड़े कंधों पर हिलती,
झूमती नाड़ की अदा।
चाल ऐसी कि हो शहीद की।

किसान अपने से पहले सहला रहा है हाड बैल के।
सुखा रहा है पानी, फिरा उम्मीदोँ पर।

समझ नहीं आ रहा पर
आखिर लौट क्यों नहीं पा रहा है वह घर
घर लौटने की तरह इस बार भी?

फूटा था

दिमाग के किसी उर्वर भाग में
फूटा था विचार
जैसे फूटता है दाना
जमीन को फोड़कर।

किया था स्वागत
जैसे करता है किसान
दानों के पहले कदम का।

बढ़ाने लगा था पींगे
खिलखिलाती खुशियों की
जैसे बढ़ाता है किसान सहज ही।

पर शंकित क्यों हुआ था अचानक
होता हो जैसे किसान भी।

कहीं
बढ़ा तो नहीं रहा था कदम
आत्महत्या की ओर?

जबकि नेपथ्य में गा रहा था कोई वह प्रसिद्ध कविता—
कहा नहीं था उसने आखिर
उसकी हत्या होगी।

और चला आया

बगल में लाए
चटाई से लिपटे अपने स्वाभिमान को
आखिर फैला ही दिया मैंने
उनके सामने।

वे चौंके!
जैसे बने हों चौंकने के ही लिए।

'तुमसे ऐसी अपेक्षा नहीं थी सुदामा!'
वे बोले चिकनी-चुपड़ी
बैठे ही बैठे अपने सिंहासन पर।

'सिंहासन के अहंकार से उतर कर देखो
तो समझ आएगा
कितनी ताकत है जमीन में
मैंने कहा
और भीतर घुसने से पहले
बाहर रख आए अपने हल को उठाया
और चला आया
अपने खेतों की ओर।

मालूम है मुझे
बेवकूफ समझ
ठठ्ठाकर हँस रहा होगा पूरा दरबार
मेरी पीठ पर।

इंतजार मैं भी कर सकता हूँ, अपनी बारी का
शायद नहीं मालूम था
उन बेवकूफों को।

बच गया

प्रहार तो घातक था
पर बच गया।

विश्वास
न उनको हुआ, न मुझे।
चमत्कार था!

संभला
तो देखा
कवच की तरह खड़ी थी तनी
मेरी कविता
मुझको बचाए।

खड़ी होती हैं तनी
जैसे कविताएं
कवच सी
पूरी मनुष्यता को बचाए।

मैंने देखा
आकाश की ओर
फिर पृथ्वी को
पृथ्वी के वृक्षों, नदियों, पहाड़ों, समुंद्रों को
थल चर, जल चर और वायु चरों को
देखा माँ को, पिता को, हर संबंध को
और प्रणाम किया हर उसको
जो बचाता है।

जो बचाता है
खुद हमसे भी
हमको।

कविता पृथ्वी है

जहाँ से शुरू होती है
खत्म भी वही होती है एक अच्छी कविता।

कविता पृथ्वी जो होती है
जिसका एक छोर
मिला होता है हमेशा
दूसरे छोर से।

कितने ही
बाँटना चाहते हैं पृथ्वी को
कितने ही खींचते रहते हैं लकीरें
डालते रहते हैं दरारें
लेकिन नहीं कर पाते अलग
पृथ्वी के एक छोर को
दूसरे से।

लहुलुहान हो कर भी जैसे
कविता, कविता रहती है आत्मा सी।
कहाँ बाँट पाते हैं उसे
बारूद
बन्दूकें
तोपें
तलवारें
तीर
या चाकू
दुनिया भर के।

बाँटने वाले
खुद बंट कर रह जाते हैं।

यह पृथ्वी ही है
जो टुकड़ा-टुकड़ा होकर भी
पृथ्वी ही रहती है।
ठीक वैसे ही
जैसे कविता
हर हाल कविता होती है।

कविता जहाँ से शुरू होती है
खत्म भी वहीं होती है।
उसमें
घर जो होता है
हर उत्कृष्ट इनसान का।

ठीक वैसे ही
जैसे पृथ्वी
अन्तत: घर होती है
हर उत्कृष्ट इनसान का ही।

पृथ्वी ध्वज

सपने में भी नही सोचा था
कि आ खड़े होंगे एक साथ
कभी
मेरी कविता के प्रांगण में
(जैसे कि आज) –
नदी
पहाड़
समंदर
जंगल
और रेगिस्तान
और ऐसा ही बहुत कुछ और भी।

इन्हें ही नहीं
सबको भेद-भेद देखने का आदी मैं
चौंका था
सच कहूँ तो
घबराया भी था।

गरजते-चिंघाड़ते
झंडाधारी आदमियों के झुंड तो
मेरे रोज-रोज के नाटकों में
शुमार हो चुके थे।

देखा
हाथ में सबके
एक ही ध्वज था,

सिर्फ एक
जिस पर लिखा था और छपा भी—
पृथ्वी
और केवल पृथ्वी।

आँखें फाड़-फाड़ कर देखा
आदमी कहीं नहीं था।

जाने क्यों लगा
(इलहाम की तरह)—
कि आदमी नहीं था
इसीलिए हाथ में सबके
एक ही ध्वज था
जिस पर लिखा था और छपा भी—
पृथ्वी।

कहीं यह सपना तो नहीं था!

चिकौटी मारने से
पर दर्द तो हुआ था।

भूमंडलीकरण

आप भी तो उस दिन
समझ की
कुछ निचली पैड़ियों पर उतर कर
बोल गए थे न—
अरे भाई पूरी साठ हज्जार रहती हैं वोटें यहाँ,
कैसे न करता दौरा, इस इलाके का
दौड़-दौड़ कर
सबकुछ छोड़कर।

याद आया मुझे
अपना वह डीटीसी का जमाना
जब पूछता था ड्राइवर कैन्डैक्टर से—
थाम दूँ, खड़ी हैं कई अठन्नियाँ।

और कहाँ भूला हूँ उस प्रैसकर्मी को
जिसे हर आदमी
एक कपड़ा नजर आता था।

कितना मुश्किल हो गया है न
आदमी का
आदमी हो कर जीना
कविता के बाहर!

बूढ़ा : खुद ही मन गया हूँ खुद से

किसी को क्या दोष दूँ ?
कोई चुभाता हो या नहीं
पर चुभ जाता है।

चुभने पर
कोई डर जरूर है भीतर
जो नहीं होने देता अभिव्यक्त।

सिमट कर अपने भीतर
बैठा रहता हूँ मानों अनंत काल तक।
गले के नीचे
कुलबुलाती रहती हैं शब्दों की आत्माएं कब्रों में।

बस
औपचारिक भर रह जाते हैं
प्रश्नों के उत्तर।
फिर धीरे-धीरे
तिरोहित होने लगते हैं
खुद से किए गए वायदे।

पाता हूँ
कि खुद ही मन गया हूँ
खुद से।

खुद ही कर दिया है माफ
बिना किसी के

माफी माँगे।

और किसी को
हवा तक नहीं लगी
इस बात की
जरा भी।

जूं तक नहीं रेंगी किसी के कान पर।

जरूर मैं बूढ़ा हो गया हूँ—
हर ओर से जैसे मैं
सुन रहा था
आती आवाजें
ऐसी ही।

जबकि उदास भी नहीं हूँ मैं

बस
एक ही तो वाक्य है
जिसे मैं कभी नहीं कह सका—
कि मैं बहुत प्यार करता हूँ पिता!
यूँ
कह कहाँ पा रहा हूँ
आज भी।

नहीं जानता
जब हम छलांग लगाते हैं नदी में
तो श्रेय किसे जाता है—
हमें
या नदी को?

पर हम कहाँ उलझते हैं ऐसे प्रश्नों में।

तो क्यों उलझूं मैं
पिता के संदर्भ में भी?
मैं तो
हमेशा लगाता रहा छलांग
पिता के
हृदय सागर में,
उठाता रहा
लहरों पर लहरें।

याद नहीं आ रहा
कभी बरजा हो पिता ने।
कभी यह भी तो नहीं कहा
कि 'तुम प्यार नहीं करते मुझे'।
मुझे याद आ रहा है वह वृक्ष
जो खड़ा मिलता था
गांव के हमारे भीतर वाले घर से
बाहर वाले घर की ओर चलती राह पर।

पिता जहाँ उतार कर गोदी से
वृक्ष के पास की जलती जोत के पास ले जाते
और मुझे हाथ जोड़ने को कह
अपनी आँखें मूंद
जाने क्या गुनगुनाते।

बड़ा होने पर
भले ही न रहा हो विश्वास मुझे
किसी जोत, किसी टोटके पर
पर नहीं मान सका आज तक
कि पिता की मुंदी आँखें
और भिनभिनाहट
प्यार नहीं था मेरे लिए।

मैं बहुत प्यार करता हूँ पिता
नहीं कह सका जिसे
आज तक।
और आज भी
कह कहाँ पा रहा हूँ।

नहीं समझ पा रहा
क्यों देख रहा हूँ
जमाए टकटकी
तारों भरा आकाश
जबकि उदास भी नहीं हूँ मैं।

नहीं जानता
क्या खोज रहा हूँ
जबकि क्या नहीं है मेरे पास!

मैं बहुत प्यार करता हूँ पिता
नहीं कह सका जिसे
आज तक।
और आज भी
कह कहाँ पा रहा हूँ।

आज
बहुत प्यार आ रहा है मुझे
अपने बच्चों पर—
शायद वैसा ही
जैसा आता था पिता को।

तूफानों से उलझती
लड़ती
मेरी नाव
आ लगी है किनारे।

बस
अनुभव बन कर सजे हैं
तुफानों से भिड़े वे वक्त।

मैं बहुत प्यार करता हूँ पिता
नहीं कह सका जिसे
आज तक।
और आज भी
कह कहाँ पा रहा हूँ।

सिवा तुम्हारे

हथेलियों में
कहाँ रह गई थीं लकीरें
हथेलियाँ ही आ बसी थीं तुम्हारी।

कुछ झुका-झुका-सा
नहीं लगा था क्या आसमान
और धरती
कुछ उठी-उठी-सी ?

मैंने गाया
खुल-खुल कर गाया।

अच्छा है न
उसे कोई नहीं सुन पाया
सिवा तुम्हारे।

पेट में कुछ भी न पचाने वाली
मेरी कविता भी नहीं।

उदासियाँ और माँ

उदासियों के पास भी होती है
एक मुस्कुराहट।
जैसे होता है भोला सा आशीर्वाद
लुटी खुसी
एक माँ के पास भी।

छिपी होती है मुस्कुराहट
उदासियों की किसी न किसी परत में
जैसे आशीर्वाद
माँ के माथे की
किसी न किसी सलवट में।

चाहे
खुद न मुस्कुरा पाती हो उदासी
अपनी मुस्कुराहट पर
पर मुस्कुराती है
मुस्कुराते हुए आदमी की मुस्कुराहट पर।

माँ
न खोज पाती हो चाहे आशीर्वाद
खुद के लिए खुद में से
पर देने को होता है पूरा कोष
उसके पास
आशीर्वाद का।

कराहती हैं उदासियाँ
जब खदेड़ा जाता है उन्हें
इनसान को इनसान से लड़ाते बेड़ों में
कराहती है माँ भी
जब देखती है तनी
संतान को ही संतान के विरुद्ध।

उदासियों का
अपना एक आकाश होता है
और पृथ्वी भी
सँजो कर रखती हैं जिनमें वे
बहुत कीमती मुस्कुराहटों को,
ठीक जैसे माँ भी
रखती है सँजोकर आशीर्वाद
अपने आकाश और पृथ्वी की
जान से भी प्यारी
मैली सी पुटलिया में।

उदासियाँ जब माँ हो जाती हैं
तो बरसते हैं मेघ हम पर
मुस्कुराहटों के
आशीर्वादों के।

ब्रह्माण्ड
आ खड़ा होता है सामने
एक महाकाव्य की तरह
जिसे हम बाँचते हैं।
और बाँचते हैं।

मरा है अपनी निगाह में

मैंने दुत्कारा तो देखा
टॉमी बड़ी बेगैरत से देख रहा था
भीतर ही भीतर
जबड़ा खोले
टुकुर टुकुर
चुप।

कुछ ही देर बाद
लगा था चाटने
मेर पाँव
मानों होश में आकर।

यूँ ही दबा दिया था मैंने बटन कविता का।
कुत्ता स्वाभिमान से भर उठा था
कहते हुए—

"मुझे जाना होगा अपने जंगल
जीना होगा अपना जंगली जीवन, भले ही दुष्कर।
खोजनी होगी
भोंक सकने की अपनी सहज जबान
हटाना होगा जंग
चुपड़ी हुई रोटियों का
दाँतों से
दाड़ों से।"

लग रहा था
जब जब चाहा है सत्ता ने
टॉमी बनाना कुत्ते को
कुत्ता मरा है
भले ही भोग लिया हो वैभव
कुछ भी होने का।

भौंकते ही नहीं,
कृत्रिम दहाड़ते हुए भी
वह मरा है
मरा है अपनी निगाह में।

चाहा है जंगल की ओर लौट जाना
छुटा-छुटा गर्दन खूबसूरत पट्टे से
चाहा है लौटना
अपने जंगल की ओर।

मैंने झाँका अपने भीतर
और साँस ली राहत की
कुत्ता अभी कुत्ता था वहाँ
नहीं बना था टॉमी।

वहाँ जंगल नहीं था, न ही जानवर
पर जंगल भी था और जानवर भी
बोल रहे थे जो हँस-हँस कर
यह राजनीति है बाबू।
तनिक समझो।

बावजूद कारण के

नहीं जानता
कब किसने जड़ दिया था रोने के साथ
मर्द होने का एक भ्रामक नाता।

भले ही न बता सकूँ
कब रोया था पहली बार
पर रोया था, कबूलता हूँ।

रोया हूँ बार-बार
अपने होशोहवास में कहीं ज्यादा।

रोया हूँ
जब एक जरूरतमंद आदमी के
काम आने से बचता रहा था
और एक दिन
उसकी मौत का समाचार पढ़ा था।

रोया हूँ जब एक कृपालु के सामने
झुकना पड़ा था
अपनी योग्य संतान के रोजगार के लिए।

रोया हूँ सबसे ज्यादा उस दिन
जिस दिन नहीं रोने दिया गया था
बावजूद कारण के
और मैं भीतर तक सील गया था।

रोया हूँ तो रोया हूँ
नहीं रोया मगर महज रोने के लिए, कभी भी।

विपक्ष

अँधेरा जरूर
बहुत बार उदास भी कर देता है।
पर अच्छा भी बहुत लगता है
बहुत बार।

खासकर
हम धधकने लगते हैं जब भीतर से
और कोई रागिनी फूंकने लगती है जब हवा
हम और और ज्यादा
बनने लगते हैं लौ-लपटें।

अँधेरा
बहुत अच्छा लगता है
बहुत अच्छा लगता है
जब हम
घुप्प होते अंधेरे में
कुछ ज्यादा ही हो उठते हैं रोशन।

अब जीना तो है न

लगता है
मेरे दिमाग को भी सिखा दी गई है कूटनीति
बचा लेता है तभी न
किसी की मक्कारी
और मजबूरी किसी की साथ-साथ
तोलकर
एक ही तराजू में
मार कर डंडी।

आदेश का राज

आदेश उसी का था न्यायधीश
'बोलो!
खोलो अपने-अपने मन की बात
कि उसके राज में सबको बोलने की आजादी है।'

मैं घबराया था
आशंकित भी हुआ था
उसके अति विनम्र लहजे से भी ज्यादा
सुनकर शब्द 'राज' उसके वाक्य में।

पर बोल दिया
खोल दिया
हँसी में
उसके कई इंच फटे मुँह को देखकर।

मैं बोला
और उसी को अपराध की धारा बता
उसकी पुलिस ने मुझे पकड़ कर
ठूँस दिया।

माननीय जन भी आज उसी की ओर हैं न्यायाधीश!
मानना है उनका
कि कुछ न कुछ तो जरूर बोला होगा मैंने
जो उसके कद के प्रतिकूल होगा
वरना पुलिस कहाँ धरती है किसी को यूँ ही।

पर पुलिस तो उसी की है न न्यायाधीश!
मैंने तो वही बोला था
और वह भी उसी के आदेश पर
जो मैंने उसे पाया था।

मैं नहीं समझ पा रहा
आप क्यों चुप हैं न्यायाधीश?

मैं मुआवजा हूँ

'मैं मुआवजा हूँ'
उसने कहा तो लगा
भला यह भी कोई परिचय हुआ!
आपके पिता? आपकी माता?
मैंने पूछा तो बोला—
`तुम भी हो सकते हो।
और रंडी की संतान से यह क्या पूछते हो?'

रंडी?
माँ को रंडी कहते हो
क्या तौहीन नहीं औरत की?
मैंने डाँटा, डाँटने के लहजे में।

वह मुस्कुराया गैर मुस्कुराने की तरह।

मैं चुप रहा
देखता कनखियों से कुछ देर।

'नेता चलेगा?', वह बोला।

नेता!
यह तो बहुत ही उलझा हुआ
भ्रामक शब्द है भाई!
कौंनसा नेता
किस दल का?

‘लगता है
डर रहे हैं आप! चाहें तो निकल लें।
वरना समझ लें
दो ही तरह के होते हैं नेता—
एक, जो दिलाते हैं
और दूसरे जो देते हैं
मुआवजा।’

इस बार वह जोर से हँसा
जैसे हँसा हो
किसी बेवकूफ की
मासूम जिज्ञासा पर।

चलते-चलते मेरे गाल को छूआ, न छूने की तरह
और कहा—
मुआवजा हूँ मैं
समझो!
इस युग का सबसे बड़ा रहस्य!

न अफसोस हूँ मैं
न अपराध-बोध ही।
न मैं काटा जा सकता हूँ
न मारा ही।
न मुझे आग जला सकती है
न जल ही डुबो सकता है।

मैं मुआवजा हूँ।
कफन हूँ मैं
हर कुकृत्य की लाश का।
अचूक सांत्वना हूँ सर्वोच्च
बड़े से बड़े आघात की।
शक्ति हूँ मैं
काट हूँ न्यायालयों के द्वार की।

अक्षत हूँ मैं
अक्षत योनि की अवधारणा-सा।
इसे समझो!
समझो इसे!
मैं मुआवजा हूँ।

मसखरा

उसने कहा मैं मसखरा नहीं हूँ
जबकि
अभी तो कहा ही नहीं था मैंने
कि तुम मसखरे हो।

उसका सफाई देना
बिना सुने मुझे
बहुत कुछ बता गया था उसके बारे में।

टूट गया था मेरा भ्रम
कि गद्‌दी पर बैठने से
कोई मसखरा नहीं रहता।
कि गद्‌दी पर बैठने से
कोई झूठा और मक्कार नहीं रहता।
या औरों को
बात बात पर गद्‌दार कहने वाला
खुद गद्‌दार नहीं होता।

पहचानें तो

वह मेरे हिस्से का तानाशाह है
हँसता है जो गुस्से की बात पर भी!

दिखता है विनम्र।
कभी-कभी तो दयनीय भी
बहा-बहा कर आँखें।

मैं अक्सर चौंकता हूँ
उसकी अदाकारी पर।
डर यूँ मुझे भी लगता है
जो टपक रहा होता है
उसकी अदृश्य बगलों से।

वह चतुर है
आपसे आपके आदमी होने का
विशेषण लूटने में।

वह चतुर है
धीरे-धीरे, छीन कर आपकी
युगों से अर्जित स्थानीयता
आपको पराया कर देने में।

वह चतुर है
अपनी लड़ाई को
आपकी लड़ाई में
तब्दील कर देने में।

वह नहीं धमकाता आपको
बस
आपको
आपसे ही काट देता है।

आपके ईश्वर को भी
बाँट देता है।

जब तक आप समझें
वह आपकी समझ से
बाहर हो जाता है।

वह चतुर है
आपकी मूर्खता को
आपकी समझदारी का
पुरस्कार देने में।

मेरी तो फिलहाल
इतनी भर चिंता है
कि कब तक नहीं ऊबते आप
पुरस्कार बटोरने से।

कब तक नहीं ऊबते आप
मेरे हिस्से के तानाशाह की
जय जय बोलने से।

सियासत महोदय

तुम सोच सकते हो
आग नहीं।

तुम बुझा सकते हो
आग नहीं।

तुम बचा सकते हो
आग नहीं।

लेकिन
यह तमाम समझ
आग लगने से पहले की है।

लगने के बाद तो
खुद का बचाव और सफाई ही रह जाती है-

है न
सियासत महोदय!

राजा का क्या दोष

हँसता है मंत्री
पंचतंत्री युगीन किसी भेड़िए की तरह
सोचता है मन ही मन
कितना दृढ़ निश्चयी है हमारा राजा
कितना पत्थर, नहीं नहीं पहाड़ दिल, अडिग
बड़े से बड़े मूर्ख की भी मूर्खता से ज्यादा अड़ियल।

राजा का क्या दोष।

जो कह दिया सो कह दिया
राजा भी कभी हटा है पीछे, कहे से अपने
पिसना हो तो पिसे जनता!
आ नहीं जाना चाहिए था
अब तक तो शऊर उसे
पिसने का।

राजा का हित सबसे बड़ा होता है।

राजा, राजा है
समझना चाहिए प्रजा को
देना होता है राजा को, राजा की ही तरह हुकुम।
झुकने को प्रजा होती है, राजा नहीं।
राजा जानता है—
डरना धर्म है प्रजा का,
सो डराते रहना चाहिए उसे, भूला कर उसकी भूख तक
राजा रक्षक होता है

और सीमा पार के देश, संभावित शत्रु,
समझाते रहना चाहिए प्रजा को।
राजा का क्या दोष।

जी, बदतमीज नहीं हूँ मैं

जी, बदतमीज नहीं हूँ मैं
पर नहीं खड़ा हो सकता
उस भीड़ के पक्ष में
जो मार डालती है इनसान को
पशु से भी ज्यादा पशु बनकर।

जी, बदतमीज नहीं हूँ मैं
मगर नहीं कर सकता तरफदारी
ऐसे संचालकों की
जो हर हाल
वही चाहते हैं उगलवाना
जो चाहता है तंत्र उन्हें जकड़कर।
बाज नहीं आते
ठोकने से कील तक
होंठों में।

जी, नहीं हूँ मैं बदतमीज
लेकिन नहीं बन सकता पैरवीकार
बहुमत के उन समझौता परस्त झुके हुए लोगों का
जिन्हें नहीं लगता डर
अपनी आत्मा को ही रखने से गिरवी।

जी, नहीं हूँ मैं बदतमीज
पर नहीं देख सकता मैं
वर्जना में उठी उँगलियाँ

हत्यारों की,
अब जिनसे डर नहीं लगता।

जी, नहीं हूँ मैं बदतमीज
पर मुझे जन जन तक पहुँचानी है वह पोथी
जिसमें बसती है खुद जन की आत्मा
बावजूद इस डरावने सच के
कि कर दी गई थी हत्या
उसके लेखक की
मिसाल सी
कुछ डरी हुई क्रूर सत्ताओं ने।

जी, यकीन कीजिए
बदतमीज नहीं हूँ मैं।
मैं बहुत प्यार करता हूँ अपने देश को।
देश के एक-एक जन को।

वह खास था

(एक)

उसके हाथ हवा में लहरा रहे थे।
उसके आदमी उसके झंडे फहरा रहे थे।
उसकी आँखों में बढ़ती हुई भीड़ का माप था।
पत्रकारों के कैमरों में वह बहुत उदास था।
अंहिसा और प्रेम के नारे उसकी जुबान पर थे।
गोली उसी के आदमियों ने मारी थी, वह जानता था।
अगले दिन, समाचार-पत्रों के पहले पृष्ठ पर
वह खास था।

(दो)

उसकी मूँछों में दया का ताव उतर आया था।
उसकी उँगलियों में कुछ ढांड़सनुमा शब्द उग आए थे।
उसके चरणें में मुवावजे खिलखिला रहे थे।
मैंने चाहा कि जोर से चीखूँ पर ताला जड़ा पाया।
मैंने चाहा कि हिलूँ भूकम्प-सा पर लकवा मुस्कुरा रहा था।
समता और न्याय के नारे उसकी जुबान पर थे।
गोली उसी के आदमियों ने मारी थी वह जानता था।
अगले दिन, समाचार-पत्रों के पहले पृष्ठ पर
वह खास था।

(तीन)

सब लाश के अंतिम संस्कार की बाट जो रहे थे।
उसके कंधे बिना कंधा दिए आगे चल रहे थे।

उसकी आँखें बिना रोए आँसुओं से प्रलय ढाह रही थीं।
देह नहीं थी पर उसके पाँव चल रहे थे।
लाश की अमरता के नारे लग रहे थे।
क्रांति के सैलाब, उसके जुबान पर हिलोरे मार रहे थे।
गोली उसी के आदमियों ने मारी थी वह जानता था।
अगले दिन, समाचार-पत्रों के पहले पृष्ठ पर
वह खास था।

(चार)

दूर से मँडराती एक अदालत चली आई थी।
स्वत: संज्ञान लेकर चौपाल करने लगी थी।
फिलहाल, चाहें तो ले लीजिए अंतराल
खा-पी आइए छोले-भटूरे, पानी पूरी, चाट-पकौड़ी
कर आइए लोटा-पानी।
समय लेगेगा, लगता रहा है जैसे।
जाने कब तक बैठी रहे अदालत—
साल, दस साल, सौ साल.....
या उठे ही न कभी, रह जाए बैठी की बैठी।
अफसोस और दर्द उसकी जुबान को रुलाने लगे थे।
गोली उसी के आदमियों ने मारी थी वह जानता था।
अगले दिन, समाचार-पत्रों के पहले पृष्ठ पर
वह खास था।

ये तीसरे लोग

कुछ लोग आपको पूछते हैं
कुछ लोग आपको नहीं पूछते
कुछ लोग आपको उपेक्षित करते हैं
ये तीसरे ही
सबसे ज्यादा खतरनाक होते हैं।

कुछ लोग आपको चाहते हैं
कुछ लोग आपको नहीं चाहते
कुछ लोग आपको चाहने का ढोंग करते हैं
ये तीसरे ही
सबसे ज्यादा खतरनाक होते हैं।

कुछ लोग आपके सामने मिमियाते हैं
कुछ लोग आपके सामने नहीं मिमियाते
कुछ लोग अपना मिमियाना बस भुनाते हैं
ये तीसरे ही
सबसे ज्यादा खतरनाक होते हैं।

कुछ लोग आपको पूजते हैं
कुछ लोग आपको नहीं पूजते
कुछ लोग आपसे ही ऐंठ कर आपकी प्रतिमा लगाते हैं
ये तीसरे ही
सबसे ज्यादा खतरनाक होते हैं।

सावधान

सावधान!
वे उलट सकते हैं तुम्हारी मेज़े और कुर्सियाँ भी।
पहुँच सकते हैं
तुम्हारे निजी और एकदम निजी प्रेम-पत्रों तक।

वे चाहें तो
उतार सकते हैं तुम्हारे जूते, तुम्हारे कपड़े।
वे उधेड़ सकते हैं तुम्हारी खाल
निकाल सकते हैं तुम्हारी आँखे॥

चालाक हैं उनके हवाई अड्डे तक
सावधान!

सावधान!
तुम ऐसे इलाके से गुजर रहे हो
जो तुम्हारा जैसा होकर भी
तुम्हारा नहीं है।
जो पृथ्वी पर होकर भी
पृथ्वी का-सा नहीं है।

सावधान!
यह एक ऐसा इलाका है
जहाँ बेवकूफी होगी
तुम्हारा
तुम्हारे सदियों पुराने मूल्यों पर इतराना।
मसलन मनुष्य की देह से

हर हाल मनुष्यता की अपेक्षा करना
मसलन युद्ध को
शांति के कटोरे में माँगने की
हिमाकत करना।

सावधान!
समझो उसे
वह घुस कर तुम्हारे भीतर
तुम्हें ही तुम्हारे ख़िलाफ कर सकता है।
तुम्हारे भीतर सदी का सबसे बड़ा विस्फोट कर सकता है।
समझो उसे!

सावधान!
उसकी पहुँच है तुम्हारी देह के हर हिस्से तक
उसकी पहुँच है तुम्हारी इन्द्रियों तक
उसे बहुत अच्छा लगता है आत्माओं से खेलना।
समझो उसे
सावधान!

होती है समय की भी एक गर्दन

[चुनावी शिल्प में एक गैर चुनावी कविता]

कहा तो मजाक में ही था मैंने—
मक्खियाँ मार रहे बेकार आदमी की तरह
या हो सकता है उस आदमी की तरह
जो हर ओर से काट कर खुद को
बेमतलब हो चुका होता है,
या बेतुके से किसी मूड में महज जीता है—
कहा तो मजाक में ही था मैंने—
'कि समय जाओ और कहीं जाकर टांगे फैलाओ,
सुस्ताओ'!

पूरा यकींन था
कहीं नहीं जाएगा समय
समय ने कब किसकी सुनी है।
जो अब सुनेगा।

यकींन शायद न आए
लेकिन समय सचमुच चला गया था।
चला गया था समय घड़ियों से,
कलेंडरों से, महीनों से
वर्ष भी जा लटके थे
आसमान की किसी ऊँची टहनी पर।

लगा
न मैं जीवन में रहा था
और न मृत्यु में ही।

हो गया था जैसे बस बेमतलब।

सोचने को बस रह गया था यही—
बड़ा चला था समय को करने बेमतलब!

कमाल का है न हमारा बहुमत
रहता है न तत्पर
फिर आने को उन्हीं बहकाओं, भ्रमों
के छाप दिए गए नए संस्करणों के झाँसों में,
बनने को जलूस
जमीन से आकाश तक लहारा दिए गए समर्थ
झंडों के पीछे।

हम फिर
दुत्कारते ही रह जाते हैं समय को
बिना नजर तक उठाए अपनी ओर।

समय हँसता है अपनी ही गोपनीय विनम्र धूर्ताओं पर।
समय हँसता है अपने ही स्व पोषित अंहकार पर।
समय हँसता है अपने ही रचे डर के डारावने मुखौटे पर।
समय बचता है हमारे ही बचाए रखने पर।

सोचता हूँ
क्या काट लेना समय से
बस यही एक विकल्प है?

होती है
समय की भी एक गर्दन,
क्या उचित है जान कर भी
रह जाना चुप?

मैं खुश नहीं हूँ साथियो

मैं खुश नहीं हूँ
नहीं हूँ खुश तुम्हें बेतहाशा भागते देखकर साथियो
देखकर
भोगते हुए महज अगली किश्त मजबूरी की।

मैं खुश नहीं हूँ दोस्तो
आखिर कब तक भागना है तुम्हें हर हाल
कभी इधर, कभी उधर।

कब तक खेलना है खेल
जो नहीं ले जाता है कहीं भी।

कब तक चलते रहोगे तुम
लादे खुद को ही खुद पर।
कब तक नहीं समझोगे वह धूर्तता
जो लदी रहती है
तुम्हारा ही रूप धर तुम पर।

तुम्हें अदृश्य कर
तुम्हारे हाथों से वे
अपनी पीठ थपथपाने में माहिर हैं।

वे कर सकते हैं नाटक
माँगने की क्षमा
पर चाहेंगे कि बनी रहे तुम्हारी भूख सदाबहार,
कि बने रहें वे ही
तुम्हारी भूख मिटाने वाले दाता।

वे कर सकते हैं नाटक
दिखने को उदार
पर चाहेंगे
कि सिकुड़ी रहे तुम्हारे घर की परिभाषा
एक मामूली से
भूगोल के टुकड़े में
ठीक जैसे चाहते हैं वे
कि सिकुड़ी रहे तुम्हारी सोच
संकीर्ण सी गलियों में।

वे क्षमा माँगेगे पर चाहेंगे
कि बना रहे तुम्हारा भागना
तुम्हारी सबसे बड़ी पहचान,
ठीक जैसे भाग-भाग कर
बदलते रहना जगह
पहचान है तुम्हारी झुग्गियाँ की
शहर में भी।

मैं खुश नहीं हूँ साथियों
खुश नहीं हूँ कि तुम
आज तक नहीं सीख पाए रुकना,
नहीं जान पाए कि यही है उनकी सबसे बड़ी जीत।

एक बार, बस एक बार
रुक कर देखो
बन कर देखो चट्टान,
भागना उन्हें पड़ेगा।

मैं नहीं खाऊँगा तुम पर दया
मैं नहीं बहाऊँगा तुम पर आँसू
नहीं चलाऊँगा अपना गुस्सा, तुम्हारे कंधों पर रखकर
क्योंकि मैं खुश नहीं हूँ साथियों!

(कोरोना से प्रेरित)

जैसे जानता हूँ मैं भी

(एक)

असलियत तो कौन नहीं जानता अपनी,
जैसे जानता हूँ मैं भी।

कभी-कभी
गरज कर रह जाने वाले भी
बरसने वालों का
आते हैं रूप धर कर।

और छिप जाते हैं
अपनी असलियत जानते हुए भी।

कभी-कभी
बरसने वाले तक
पास से निकल जाते हैं दूर, टहलते हुए
जैसे वास्ता ही न हो कोई किसी से।

समझ है कि रह जाती है मुस्कुराती
किसी महान उपेक्षित कवि की तरह।

(दो)

बहुत मन होता है
कि छुऊँ गीले बादलों को।

छू सकूँ तो शायद
भिगो सकूँ रोआँ–रोआँ
सूखे व्यवहार का।

भर सकूँ आँखों में
एक संभावित कविता का दाह।
ढूँढ कर लाऊँ
एक-एक शब्द इतना आपसी
कि चौंक जाएं लोग।

कि जैसे चौंक जाते हैं वे
बहुत ही मामूली हैसियत वालों की
पहुँच
कविता में देखकर।

बच्चे का युद्ध

अखबार न मिले
तो नहीं निगला जाता नाश्ता भी।

"किसी भी वक्त छिड़ सकता है युद्ध"
स्वेटर बुनने में व्यस्त
पत्नी को कहा मैंने।

शरीर की तमाम हरकतों को रोककर
बच्चे ने पूछा-
"युद्ध क्या होता है पापा?"

"युद्ध लड़ाई होती है बेटे!
दो देश लड़ते हैं जब आपस में
युद्ध होता है।"
कहा मैंने जो भी सूझा।

"लड़ाई!
जैसे आप और माँ में होती है कभी-कभी?"

देखा
घर निकल गया था शायद
पत्नी डाल रही थी सलाई में।
ऊन का गोला पास उठा लाया था बच्चा।

मैंने हँस कर कहा–
"हाँ, कुछ यूँ ही समझ लो।"

लगा
बच्चा पतझड़ में पेड़ सा झड़ गया।
'क्या सचमुच
युद्ध आप और माँ की लड़ाई जैसा होता है?'

'नहीं, उससे बहुत बड़ा।'
कहा और चुप हो गया।

'तब तो नहीं पकता होगा खाना घर में
नहीं सुनता होगा कोई भी बच्चों की
नहीं कराता होगा होमवर्क भी
भूल जाते होंगे सब दूध गरम करना तक
नहीं सुनाता होगा कोई कहानी भी उन्हें
भूल जाते होंगे उन्हें चूमना भी
सो जाते होंगे बच्चे खुद ही सुबक-सुबक कर,
पापा
लड़ाई क्यों होती है
और युद्ध भी?'

जिसे बच्चा भी जानता है

बच्चे के हाथ में बंदूक है
वह दागता है।

मैं मर जाता हूँ।
देखता हूँ कनखियों से—
खुश है बच्चा, बजाता तालियाँ।

वह हिलाता है मुझे
मै जी जाता हूँ।

बच्चा फिर दागता है गोली
मैं फिर मर जाता हूँ।

बच्चा फिर हँसता है,
फिर बजाता है तालियाँ।

बच्चा फिर हिलाता है
मैं फिर जी जाता हूँ।

बच्चा फिर दागता है गोली
पर नहीं मरता इस बार मैं।

बच्चा रोता है
और मिन्नत करता है
मर जाने के लिए।

बच्चे को
न मरने से सब्र है,
न जीने से
उसे तो बस, खेल भाता है बंदूक का।

जहाँ मैं रहूँ

बहुत से मकानों में से एक
यह मेरा घर है।

भड़भड़ाते दिन से टकरा-टकरा कर
हर शाम
इसी में आ सिमटता हूँ मैं।

जिस दिन न लौट सकूँ
समझ लिया जाए
घर मेरा नहीं रहा।

तब चाहो तो
उखाड़ फेंक देना, मेरे नाम की पट्टी को
आँधियों की नोंक से।

मैं नहीं चाहता
मेरे अपने
मेरे दोस्त-यार
करें प्रतीक्षा मेरे होने की
ईंट-गारा के
साँचे के आसपास।

मैंने नहीं चाहा
कि जीऊँ कभी
बुत बन कर
धरती के सीने पर
बोझ बन कर।

मिल जाने दो

मत लगाओं पहरे मेरे द्वार पर
आने दो इन्हें
आती है जैसे हवा
अपने हर रूप में।

मुझे मत डराओ इनके गुस्से से
नहीं होना चाहता वंचित
मैं इनके लाड़ से।

इन्हें आने दो
रोको मत द्वार।

याद है मुझे
कभी मैं भी झाँका करता था
द्वार से भीतर
इन्हीं की तरह।

मिल जाने दो
कुलबुलाती नदी को
सागर से।

सुराख

कोई सुराख जरूर है घर में।

मायावी राक्षस उसी में से आया होगा रेंगकर।

सबूत है
हमारा भूलना अपना कद,
होते चले जाना छोटे, बहुत छोटे।

किटाणु बनकर
खुद अपनी ही दीवारें
करना खोखली।

घर हिलता है
हँसता है मायावी राक्षस।
छत डगमगाती है
हँसता है मायावी राक्षस।

नजर नहीं आता मायावी राक्षस
बस हम ही दिखते हैं
नोंचते अपना घर।

जितना मजबूत और सुंदर होता है घर
उतना ही किरकिराता है
मायावी राक्षस के दाँतों में।

एक सुराख भर काफी होता है
घर में काबिज होने को
मायावी राक्षस के लिए।

(पाकिस्तान की जेलों में बंद भारतीय सैनिकों के साथ हुए अमानवीयता की खबरें सुनकर)

योद्धा बनाम युद्ध

मैं नहीं जानता मेजर
और कितना धँसना होगा तुम्हें
यातनाओं के नरक में।

पर इतना जानता हूँ
कि भारत की जमीन और
आकाश की तनियाँ थामे
जब लड़े होगे तुम शत्रु-व्यवस्था के मंसूबों से
तो पूरा देश बन कर लड़े होगे।

अपने देश की खातिर
देश बन कर न लड़े होते अगर
तो तुम्हें क्यों मिला होता यह नरक।

पर देश बन कर लड़ना
तो राह है
किसी भी सैनिक की।

जरा बताओ तो
कौन मेजर नहीं लड़ता अपने देश के लिए।

तुम हुए होते अगर शत्रु-सेना में
तो क्या नहीं लड़े होते
वह देश बनकर।

क्या तुम जानते हो उस व्यवस्था का नाम
जो नहीं चाहती
लड़े उसका सैनिक, सैनिक की तरह।

फिर क्यों मिली तुम्हें
अपना देश बन कर लड़ने की सजा:
यह यातनाओं का नरक।

कैसा लगा होगा तुम्हें मेजर
जब शत्रु-व्यवस्था के सैनिकों ने
इसलिए सुनायी होगी सजा गरज कर
कि तुम लड़े थे पूरा सैनिक हो कर
अपने देश का।

जुर्म सुन कर
काले बादलों के बीच से
शायद कौंध गई होगी याद
सिकंदर और पोरस की।
या फिर
तूफानी, गर्वीली भावना-लहरों में
डोल गई होगी
तुम्हारी तर्क की छोटी-सी नाँव।

तुमने झाँक कर देखा था क्या
उस सैनिक की जुल्म ढहाती आँखों में
तुम देख पाए थे क्या
उसकी पीठ पर सटे व्यवस्था के चाकू को

हँसो मेजर हँसो
हँसो अपने जुर्म पर
और हँसते-हँसते पागल हो जाओ यह सोचकर
कि युद्ध व्यवस्था ने तुम्हें
अगर दिया है कुछ
तो एक खिलौने भर की हैसियत दी है

कभी तुम्हें सजा दिया जाता है शोकेस में
और कभी अलग कर दिया जाता है
पुर्जा –पुर्जा तुम्हारा।

खूबसूरती

अभी तो मुझे तय करना है।

खूबसूरत
चिनार का वह
सदियों पुराना वृक्ष था
जिसकी झुटपुटी
बर्फीली छाँह में बैठे
हम घूँट ले रहे थे

या खूबसूरत
वह छोटी-सी
पहाड़ी नदी थी
जो पास की ही
पथरीली राह पर
मचली पड़ी थी।

या खूबसूरत
वह कविता थी
जो पहाड़ों के सफेद पंखों से
धीरे-धीरे उतरती
सेबों की महक के
घने जंगलों में
वनकन्या-सी
खुद को लुटा रही थी।

या खूबसूरत तुम थीं
जिसे खूबसूरती
घेरे खड़ी थी
चारों ओर से।

पंख जरूर हैं

कितना भयंकर है जाल
तारों का खम्बों पर
पर डरती कहाँ है
फुदकती चिड़िया।

खेल है उसके लिए तो
निकलना
इधर-उधर
फुर्र।

कहाँ डरती है कामकाजी माँ भी
कहाँ फँसा पाता है
जंजाल उसे भी
वह भी तो निकल-निकल जाती है।

पर चिड़िया के पास
पंख जरूर हैं।

विश्व के शांति शहर (बर्लिन) में

यहाँ तो
मजबूत हँसी लिए
गुलाब के पौधे तक
लगता है
गुनहगार मानते हैं खुद को
काँटों के लिए।

घरों में
पार नहीं बसाती मौसम की।
और मौसम है
कि भटकता है पगलाया-सा
सड़कों पर।

यहाँ
चर्च में बज रहा घण्टा भी
सिर्फ पूजा नहीं
जपता है
शांति शांति शांति

(बर्लिन, जी.डी.आर. हवाई अड्डे पर उतरने के बाद की एक अनुभूति)

एक मनुष्य सम्पूर्ण

[महामानव वृषभ-बसव (बसवेश्वर) को याद करते हुए]

किस ओर नहीं लगी आग
फिर भी नहीं जल पा रहा वही-वही
जिसे जल जाना चाहिए।
क्यों नहीं हो पा रहा वही सब खारिज़
जिसे हो जाना चाहिए।

हर ओर लहलहा रही है देह की फसलें
और मज़बूत की जा रही हैं मेंड़ें
थनों और चोटियों की
मूँछों और काछों की।
चर गया है ज्ञान और आत्मा तक
चालाकियों का एक विकराल झुंड।

क्या आज भी नहीं है ज़रूरत तुम्हारी, तुम्हार वचनों की
कहाँ हो, कहाँ हो तुम ओ पक्षधर क्रांतिदूत
स्त्रियों को भी द्विज बनाने के।

आओ और सिखाओ
अक्षर प्राप्त निरक्षरों को वह अक्षर
जो थाम दे तेज हवाओं को
जो उड़ाती हैं आत्मविश्वास को, आत्मराहों को।

नहीं चाहिए निरा शिव पीड़ितों को
आओ और युक्त कर दो शक्ति
ताकि विशिष्ट हो जाए शिव भी।

चाहिए, और और चहिए आग
ताकि भस्म हो जाए भस्माँकुर से
ये ढ़ोंग, ये अंधविश्वास
ये असत्य, ये जातिभेद।

चाहती है और भरपूर चाहती है यह पृथ्वी
कि ले जन्म आग के गर्भ से
सिर ऊँचा किए, सम्पन्न श्रम-गौरव से
एक मनुष्य सम्पूर्ण।

महात्मा गाँधी अन्तराष्ट्रीय हिन्दी विश्वविद्यालय में टहलते हुए

बहुत ऊँचे टीले से
देखा बहुत नीचे
थी तो पृथ्वी ही
पर लगा
पृथ्वी मुक्त थी आकाश के पंजों से।

गोरख पांडे निकल आए थे अपने नाम की इबारत से।
खड़े थे बिरसा मुंडे
गोरख के कंधों पर रखे हाथ।

मैं उतरने लगा था
और उतरता चला गया
खड़े थे प्रेमचन्द लालटेन लिए
जैसे कोई अपना मिला मुझे।

रोशनी में दिखा
कुछ खोज रहे थे कामिल बुल्के कोश में
अच्छा लगा
मौजूद थी नागार्जुन सराय भी पड़ौस में।

बिना विश्राम किए वहाँ
मैं बढ़ भी कैसे सकता था
अज्ञेय और शमशेर की दुनिया में ?

शायद कहा था शमशेर ने ही
रुकना नहीं जब तक देख न लो
राहुल जी का पुस्तक-आगार।

अरे केदार अग्रवाल जी आप भी
और पूरे तामझाम के साथ आप
हबीब तनवीर साहब
आप ही की ओर तो जा रहे हैं विजय तेंदूलकर जी।
वाह! लगी है पीठ से पीठ।
क्या कहने
क्या खूब रची आँखन देखी मेरे कबीर ने।

और उधर परसाई से भी मिल लेना
आवाज आई
पलट कर देखा तो खिलखिलाहट थी
विदेशी विद्यार्थियों से घिरे भारतेन्दु की।
मुग्ध था मैं देखता विश्वविजयी टैगोर को।

बढ़ रहा था मैं
और सुन रहा था पदचाप जानी-पहचानी
करने वाले थे प्रवेश मुख्य द्वार से
रामविलास जी।

सामने खड़ा था आकाश
हाथ बढ़ाए
और मुझे अच्छा लगा था
आकाश से हाथ मिलाना।

मछुआरिन

सगर रात भर जागता है।
आप सोते हैं
तो भी वह
आतुर पिता-सा जागता है

जाने कितनी आवाज मिला कर
किनारे पर
किनको पुकारता है!

क्या सचमुच
कड़वी जुबान वाला सागर
बेपरवाह और मस्त है?

क्या उसे
ढेर बच्चों वाली उस औरत की
जरा भी चिंता नहीं
जो आज तक प्रतीक्षा में है
अपने मछुआरे की।

प्यार प्यार प्यार

प्यार की घाटी में खड़े होकर
तुमने पुकारा था
प्यार! प्यार! प्यार!

यही सूखा पहाड़ था न
देर तक जो
रिमझिम-रिमझिम
बादल-सा बरसा था—
प्यार! प्यार! प्यार!

भभके मारती
यही देह थी
भीग गई थी जो
कितना! कितना!

प्रेत की पुकार

साथियो
माफ नहीं करना है इन्हें,
तुम्हें दिखाना है
कि कोई फर्क नहीं पड़ता
खाल सफेद हो या काली
जब बहता है दरिया खून का
लाल होता है
और हड्डियाँ हर हाल सफेद।

मैं कितनी भी
जोशीली मौत क्यों न मरा हूँ
इतिहास में
कितना ही
गहरे
क्यों न गड़ा हूँ।
लेकिन
मेरी भी ज़िन्दगी थी,
मेरे भी स्वप्न थे
जो खत्म हो गए :

मुझे कितना-कितना प्यार था इनसे
कितने मासूम थे ये!

तुम्हें माफ नहीं करना है, साथियो!

इन्होंने
नोच नोच कर
मेरी सबसे खूबसूरत चीज़ को
मुझसे लूटा है।

कितना भयानक था
जब मेरी चीख़ टकरा-टकरा कर
लौट आती थी दिशाओं से

चुभ जाती थी
दूर-दूर से लौटे
अभिशप्त तीर की तरह!

मेरे शब्द
हो चुके थे अर्थहीन
अब तुम्हें
हाँ तुम्हें, मेरे प्यारे साथियो,
वे ही शब्द समझाने होंगे इन्हें —

भीतर जल रही आग से
पिघला देना होगा
यह ठण्डा लोहा।

उठा देनी होंगी वे तमाम दीवारें
जिनकी ओट से
ये फिलहाल
अभिशाप देते हैं।

मैं, मरा नहीं हूँ मेरे साथियो,
अनुभव की तरह
तुम्हारे बीच हूँ।

 बार-बार
अपूरित तमन्नाओं की तड़प में जलता हूँ।
मुझे देखना है
कि इन्हें तुम माफ नहीं करोगे।

मूढ़ मति पर बजर गिरे

आज अचानक मिली वह चम्पा
चपर-चपर जो
बतलायी थी त्रिलोचन से
बचपन में अपने
नहीं चिन्हती थी जो अक्षर।

वही कि जिसने
पढ़-लिखने से
ताल्लुक रखते
त्रिलोचन के
सब तर्कों के
पर कुतरे थे।

वही कि जिसने
खासतौर पर
होने वाले अपने बालम को
सदा पास रखने कि खातिर
साहस अद्‌भुत दिखलाया था।

चिट्‌ठी-पतरी
लिख-पढ़ने से
मिल जाए मुक्ति
उसने चाहा था।

आज अचानक मिली वह चम्पा
जर्जर, फटी पुरानी रद्‌दी जैसी

बालम जिसका
सचमुच सचमुच पास नहीं था।

मैंने पहचाना तो वह बोली
भैया क्या तुम पढ़े-लिखे हो?

हाँ हूँ तो
कहा था मैंने।

तभी न भैया...
कहते-कहते
गीली आँखों को पौंछ लिया था।

लगा कि मेरी
सगी बहन ही
जैसे रोई थी।

मैं बोला, पर चम्पा
क्या सचमुच
बाबा गाँधी का मंत्र,
कहा कवि त्रिलोचन का...लिखने-पढ़ने का ..
नहीं था माना।

टुकर-टुकर देखा चम्पा ने
फिर बोली धीरज सा धरकर
भैया यूँ तो
कब मिलते सबको 'तिरलोचन'
वह भी भैया ठीक बखत पर
उस पर
कब सबकी बुद्धि पर आते
फूल सूझ-बूझ के!

खींच लिया फिर साँस यह कहकर
फल है।

समझा मैं।
कहा कि चम्पा
अब भी इतना क्या बिगड़ा है
अगर ठान लो अब भी मन में
तो जल्दी ही तुम देखोगी
साफ-सफेद सूनी आँखों में
ज्योतित होते अक्षर अक्षर।

और तुम्हारी खाली-खाली
उँगलियों से
देखोगी तुम झरती बातें
फूलों जैसी
झर झर झर झर झर।

सच भैया
चमक उठी चम्पा की आँखें
बहुत दिनों से बंद पड़ी थीं
खुल गयी हों जैसे पाँखें।

हाँ चम्पा
पढ़ना-लिखना
और नया नित खूब जानना
नहीं देखता मुँह उम्र का।

हाँ भैया
तुम सच कहते हो
अब न मति को फिरने दूँगी
मूढ़ मति पर
बजर गिरे।

(त्रिलोचन की प्रसिद्ध कविता 'चम्पा काले-काले अच्छर नहीं चीन्हती' से प्रेरित होकर)

तो भी शुक्रिया

शुक्रिया पहाड़!
तुम हो तो कितने सुरक्षित हैं हम,
एक प्राकृतिक किला हो हमारा,
हमारे पूर्वजों के पुण्यों का फल।

शुक्रिया सागर!
तुम कवच हो हमारा।
कितना निश्चिंत रखती है हमें
एक-एक लहर तुम्हारी।

पर सोचता हूँ
आखिर किससे भयभीत हैं हम
किससे चाहते हैं हम सुरक्षा
क्यों चाहते हैं हम कवच।

सोचता हूँ
वह कौन-सा पाप था पूर्वजों का
जिसका फल है यह भय।

सोचता हूँ
पूर्वज हमारे हों या किसी और के
नहीं थे क्या वे पूर्वज मानवता के?

सोचता यह भी हूँ
भयभीत हम ही क्यों
तुम क्यों नहीं पहाड़?

तुम क्यों नहीं सागर?

तुम क्यों नहीं गिड़गिड़ाते
क्यों नहीं माँगते सुरक्षा?

तो भी शुक्रिया पहाड़!
शुक्रिया सागर!

रामलक्खी

बाबूजी
मैं भी आदमी हूँ
आप तो मानते हैं न ?

हाँ रामलक्खी, मैं तो मानता हूँ।
पर बीबी जी नहीं मानतीं।
वही क्या
दुनिया के बहुत से
सिर फिरे
नहीं मानते।

देखो न
बीमारी में भी
काम पर आई हूँ
पेट की सताई
न होती
तो आती ?

काम पर आना
कोई बुरी बात तो नहीं ?

लेकिन मुझसे
आज फालतू काम नहीं हुआ
बीबी जी ने
छुट्टी कर देने का
हुक्म दे दिया।

वही
जो मुफ्त में
करना पड़ता है।
जैसे पड़ोसी से कुछ प्लेटें माँग लाना
जैसे बाल्टी दो बाल्टी पानी भर लाना
जैसे बर्तन माँजने को राख
किसी हलवाई की अंगीठी से
बटोर लाना
जैसे भाग कर बाजार से
कुछ खरीद कर ले आना।
अब आप ही बताओ
इनके पैसे
मुझे अलग से तो नहीं मिलते न।

हूँ
रामलक्खी
तुम्हारी बात में दम सही
तुम्हारे व्यवहार में नहीं है
दरअसल
तुम दब्बू और भिखमंगी हो। क्यों ?

क्या कहते हो बाबूजी
इस मरे पेट की खातिर
दब्बू सही
पर भिखारिन नहीं हूँ
करती हूँ तो खाती हूँ।

मेरी मानो
तो जरा अपने में
झाँक कर भी देखो
क्या तुम/उतरे हुए कपड़ों पर नजर नहीं रखती ?
क्या तुम बचा-खुचा खाना ले जाने की
फिराक में नहीं रहती ?
क्या तुम तीज-त्योहारों पर,

लत्ते चावल माँगने की
जिल्लत नहीं उठाती ?

पर बाबूजी
वह तो
बीबीजी खुद भी दे देती हैं
यह तो एहसान है उनका।

तो मरो
और मरती रहो।

एक दलित आदत के खिलाफ

माँ की मौत हो
या बेटी का ब्याह
या फिर जन्म ही किसी का परिवार में
उसकी निगाह में हर ऐसी घटना
जरिया होती है कुछ न कुछ ऐंठने का।

मिनट भी नहीं लगता उसे
भिखमंगा बनने में
उतारने में चालाकी आँखों में।
मानो सीख लिता हो सब
वक्त पड़ने पर
अपना ही खून सोखने वाले
गधे को भी बाप बनाने वालों से।

एक क्षण नहीं लगता उसे
एक हल्की सी भी गुर्राहट के
चरण थामने में,
करबद्ध दुहाई देने में
क्रूर से क्रूर को भी दाता बना देने में।

तीज-त्योहार को भी
पहुँच जाता है वह
अनचाहा, कितने ही द्वारों पर।
नजर नहीं आती उसे वे हिकारतें, दुत्कारें
जो उसकी जिद्दी मिन्नतों के बदले
उड़ेल दी जाती हैं उसके कटोरे में।

मानों खड़ा हो कोई नेता अगले चुनाव के लिए।

समझ नहीं आता
कैसे बैठा लेता है संतुलन
गाली और कटोरे में!

क्या सचमुच
नहीं मर सकता वह
अपने उन सपनों के लिए
जो फहरा रहे हैं उसके ही भीतर
जाने कब से?

नदी एक प्रतिरोध

(एक)

तुम कहाँ बँधी हो नदी!

किनारे ठगे रह गए हैं
जब-जब चाहा है तुमने
ढूँढ लेना और और किनारे।

तुम जल हो जब तक
कहाँ बँधी हो नदी!
हमीं देखते हैं तुम्हें बँधा।

(दो)

मैंने देखा है
किनारे घुलता हुआ शोर।

तो भी
कैसे हो तुम शांत नदी,
साँवले नाच और लोकधुन-सी
इतनी सरल!

मुझे भी बाँधों, जैसे बँधा है जल।
दे दो मुझे भी प्रवाह,
एक लक्ष्य,
एक प्रतिरोध।

पतझड़ में कोरिया

ये वृक्ष ही तो हैं
जो शिशिर से पहले
होने को शुद्ध-बुद्ध
उतार लेते हैं तमाम वस्त्र पत्तों के,
हो जाते हैं नग्न
प्रकृत
सम्पूर्ण समर्पण के लिए।

नहीं है वृक्षों के पास
दौड़ती सभ्यताओं का दिखावा
नहीं है उनकी दुनिया में
षड़यंत्रों की जादुई भाषा,
कूटनीति की शतरंजी चाल।

अनंत संभावनाओं से भरे ये वृक्ष
रमा कर भस्म बर्फीली
हो जाएँगे तपस्वी, देखते-देखते।

जाना भी उत्सव ही है पत्तों का
आने की तरह
वृक्षों की दुनिया में।

आता है उन्हें
जाते हुए पत्तों में भी रंग भरना अलग-अलग,
रचना एक दुनिया सुनहरी
भूरी
और लाल।

रोज-रोज

रोज-रोज
प्यास के आगे चलता है कुआँ।

नहर भी
तैरती रहती है
अपनों तक सिमटी।

हँकते चले जाते हैं मेघ
रोज-रोज
बरसने से पहले ही।

बढ़ना तब भी होता है
खामोश ईंटों को
देखते हुए इमारतों में बदलते
पलस्तरों के भीतर से
सुनते हुए सिसकियाँ।

देखना होता है
पोटलियों में बँधी
अपनी बेदम साँसें
पहुँचते मँडियाँ।
लौटते हुए
रोज-रोज एक चाह
रेलगाड़ी में
हाथ पर हाथ धरे
बाँध मुंडासा।

पर है कोई खुशबू
जो गुजर जाती है रोज-रोज पास से।
रोज-रोज
उतरते-उतरते रह जाते हैं भाले
नाखूनों पर।

सॉनेट

सच तो यह है औरों को जो तौला करता
खुद तुलता है, इसीलिए मैं तुला, न भागा
परखा इतना, कितना वह मुझमें है खुलता
और कहीं पासंग गलत है, उसे न लादा

मौका वे ढूँढा करते हैं जिनमें अपना
जोर नहीं है, लेकिन जो खुद्दारी रखते
हक लेते हैं, सच कर लेते देखा सपना
किसी कसौटी कभी चढ़ा दो, वे कब डरते

जब दबता था, मुझमें अपना होश नहीं था
कायर था मैं, इसीलिए तो, समझ सका ना
साफ कहा तो, जाना केवल, सुख इसमें था
जो जी सकते, उनको कोई, मार सका ना

पाँव जमाकर जो लेता लहरों को ऊपर
जीता करता और निकलता वही निखर कर

जैसे कविता कविता

कविता के शब्द-सी हो तुम
मोहताज नहीं जो
अर्थ के लिए किसी कोश का।

तुम संगीत हो कविता के अर्थ का
जिसे कोई नहीं बाँध सका
बँधे सुरों की सीमा में।

तुम कविता ही हो पूरी
रची जाकर भी
भिन्न रचनाकार से।
पूर्ण अपने में।

तुम, तुम हो
जैसे कविता, कविता।

आत्म संवाद

जानना चाहता हूँ पहाड़ों से
दिखने को तो दिखते हैं सदा
अडिग, स्थिर, शान्त, समरस
फिर कौन से हैं वे अनुभव भीतर
कि बही चली आती हैं
आँसुओं की नदियाँ
कोमल, उदास
इतनी।
बस जरूरत होती है
थपथपी भरी
एक अपनी सी हरकत की।

स्वाधीन

वह उड़ रहा था।
दिख रहा था प्रसन्न और स्वाधीन।
बज रही थीं
उसकी एक-एक अदा पर तालियाँ, सीटियाँ।
वह इतरा रहा था और उड़ रहा था।
वह कबूतर था।

चू रहा था नशा
थोड़े रिश्वती चुग्गे, थोड़ी चालाक शाबासी का
उसके थके, चूर हो चुके परों से।

देखा था मैंने, शायद समझा भी।

वह उड़ रहा था, उड़ रहा था, उड़ रहा था।।।

आप कसमसाएं
किसे परवाह!
यूँ ही चलता है संसार।
फुर्सत, कबूतर को भी कहाँ थी
कि देख लेता मेरी कसमसाहट
कि समझ लेता मेरी बेचैनी
कि समझ लेता अपनी मुक्ति, अपनी स्वाधीनता।

चलो वह कबूतर जो भीतर है मेरे
सम्प्रति
उसे ही सम्भाला जाए।

शर्म आती है कि...

[जापान (2011) और उत्तराखंड (भारत) में हुई तबाही को याद करते हुए]

जितना जाना है तुम्हारे बारे में
कि पढ़ा है जितना धर्म-ग्रंथों में हे जन्मदाता,
पालनहार, रक्षक विधाता!
वह तो इज़ाजत नहीं देता तुम्हें कि दिखो ऐसे
जैसे दिखे 2011 के ढ़हते-चरमराते जापान में,
जैसे दिखे 2013 के दैत्य से उत्तराखंड, भारत में।

तुम इनसान तो नहीं ही कहे गए हो न
कि मान लूँ कोई क्रूर आतंकवादी हो तुम,
ज़ालिम और स्वार्थी
कि प्रार्थनाओं के बावजूद नहीं पसीजता जिनका दिल।

मैं खारिज़ करता हूँ उठाकर हाथ ऊपर
इस कहे को कि 'भय बिनु होय न प्रीत'
जो जुमला है महज सत्ता भोगियों का।
और कैसे मान लूँ न्याय भी जब सुनवाई का विधान ही हो गायब।
इनसानों की दुनिया में तो धौंस होती है यह, महज धौंस
और अक्सर डरे हुए इनसानों का हथियार होता है यह कहा
जिन्हें न खुद पर विश्वास होता है और न प्रार्थनाओं पर
बस होती है तो एक बौखलाहट
चूल से डिगे-डगमगाते अपने अस्तित्व की।

पर तुम्हें तो इनसान नहीं ही कहा गया है न!

भूल भी तो नहीं कह सकता इसे तुम्हारी
न ही हादसा।

न भूल होती है बार-बार
न हादसे ही।

सुनी हैं, पढ़ी भी हैं तुम्हारे रुतबों की कहानियाँ
पाप पर पुण्य की विजय को ही बताया गया है न
मचाई गयी तबाहियों का अर्थ।

पर जहाँ होता ही नहीं प्रश्न तक पाप या पुण्य का
वहाँ?

देखिए
कम से कम 'आपसे' नहीं है अपेक्षा कुतर्क की
आपके नुमाइंदों की सी।
कृपया रहने ही दीजिए यह पिछले-अगले जन्म की बात
कुतर्क के दायरों में ही।
क्षमाप्रार्थी हूँ।

डिगने लगा हूँ मैं।
कब तक बने रहना चाहोगे कमजोरी
कब तक बनाए रखना चाहोगे कमजोर, इनसानों को
कब तक दिखाते रहोगे भय मौत का
लंगड़ी-लूली ज़िन्दगी का—
कब तक?

सच तो यह है
कि शर्म आई थी मुझे कि भक्त हूँ मैं ऐसे ईश्वर का!
जैसे शर्म आती है मुझे घोटालों पर घोटाले देखकर
अपने देश में
कि प्रजा हूँ मैं ऐसी सत्ता का।
कि जहाँ चुल्लू भर पानी के लिए भी
देनी पड़ती है रिश्वत
या बैठानी होती है जुगाड़ सिफारिश की।

आई थी, खूब आई थी शर्म मुझे ईश्वर
कि भक्त हूँ मैं ऐसे ईश्वर का
क्योंकि मान नहीं पाया हूँ इनसान
तुम्हें
इस धरती का
हे अवतार, हे मर्यादा पुरुषोत्तम!

और शायद यही बचाव भी है तुम्हारा अब तक।

वसंत से गपशप

खिलाओ मेरी नस-नस पर
हजारों हजार फूल!

नाचो मुझ पर
ताकि दे सकूँ देह को
सहस्त्रों नृत्य मुद्राएँ।

चहको मुझ पर
ताकि बज सकूँ सितार-सा।

मैं नहीं हूँ वह वृक्ष
जिसे खोजना पड़ता है,
रिरियाना पड़ता है
जिस पर खिलने के लिए वसंत को।

मैं तो गली के धांधू-सा
चौड़े खड़ा मिलूँगा मटकता।
मैं नहीं उस आदमी-सा
जो सिर्फ लटकाता हैं हँसी होंठों पर।

मेरे भीतर तो
हाथ-पाँव मार रहा है कोई लगातार
उछलती-गाती लिद्दर नदी-सा

कितना उत्सुक है
मेरे भीतर ठहाके मारता हरा समुद्र!

कहाँ चिंता है मुझे सूखी हवाओं की!

घुट्टी में पिलाई गई थी मुझे सीख
अँधेरी चट्टान तोड़कर
सिर ऊँचा उठाने की
उजालों में।

किस्सा बचे हुए आदमी का

रोटी कौन लेगा पहले ?
"मैं"। कहा उसने
और उसने रोटी ले ली।

तुम्हें तैरना आता है क्या?
"तैरना?
नहीं
पर कैसा बेतुका सवाल है यह।"

अच्छा, कुछ सुविधाएं हैं ये
किसे चाहिए पहले ?
"मुझे"। फ़िर कहा उसी ने
झपट्टा मारने की तरह
और उसे सुविधाएं दे दी गईं।

और थोड़ा जीवन भी है यह, थोड़ा सुखी
कौन लेगा पहले?
"मैं,
मैं समर्थ हूँ। मेरा ही हक़ है पहला।"
देखा फिर वही था।

पर चल क्यों दिए लेते ही सबकुछ
यह जहाज भी लो और इस पर सवार हो जाओ!
और इसे भी लेते जाओ
जिसे कुछ भी नहीं मिल सका है अब तक।

"पर क्यों ?"
यह भी वही था।

क्योंकि जब डूबेगा जहाज
तो पहले तुम डूबोगे
और यह
जिसे आता है तैरना
बचेगा।

और बचे हुए आदमी को ही तो
चाहिए न सब कुछ।

वह चुप रहे तो कैसे

एक हादसा था यह भूल जाओ—
समझाया राजगुरू ने।

सब फल है कर्मों का
वचन थे धर्मगुरू के।

होना था सो हो गया
लगो काम-धाम में—
सांत्वना दी लोगों ने।

सब कुछ वही था, वैसा ही
होता आया है जैसा
पर वह था कि चुप था
लेकिन उबलता-उफनता
अदहन बना।

कैसे मान ले कि हादसा भर था वह
कैसे सब्र करे कि फल कर्मों का था वह ?
कैसे करे स्वीकार कि होना था सो हो गया।

ऐसे ही कर लेता है कोई आत्महत्या, राजगुरू ?
पिता था वह, उसका
ज़िन्दगी से होड़ लेता
उम्र ही क्या थी अभी उसकी, धर्मगुरू!
किसान था वह धरती का।

दिमाग की दीवारों में उसकी भी
कम नहीं उगे हैं पीपल जब-तब
पर उखाड़ा है उन्हें उसने
और कोई आसमान नहीं गिरा।

वह चुप रहे भी तो कैसे!

उसने हँसते-हँसते पार किए हैं रास्ते
काटे हैं जो बिल्लियों ने
और परवाह नहीं की
थमे हुए लोगों की तरह।

वह चुप रहे भी तो कैसे!

उसने तो सीखा है रौंदना
टोटके
चौराहों के।

वह चुप रहे भी तो कैसे!

क्यों नहीं समझते लोग
एक किसान ने की है आत्महत्या
जिसके हाड़ उगे होते हैं धरती में, जीते जी।
जिसे नहीं मरना था अभी
ज़िन्दगी की होड़ में।

वह चुप रहे भी तो कैसे!

मेरी सार्थकता को कंधा दिए हुए

देर तक देखता रह जाता हूँ
खुली किताब के
फड़फड़ाते पन्नों को
जैसे रचा जा रहा हो जीवन।
न पढ़े जा सके हों अभी
सुकून तो भी टपक रहा है
शहद की तरह एक-एक पन्ने से
टप
टप।

कोई तो है मेरे आसपास
मेरी सार्थकता को कंधा दिए हुए आस-सा।
नहीं होने दिया है विवश जिसने
द्वार पर बैठे
देर से बिछाए आँखें
जरूरत मंद सा।

अपने एकांत में
बहुत डराती हैं चलती हवाएं अपनी खास आवाजों से,
सन्नाटों से, जो सृजन होती हैं हवाओं के।

पर कितनी अपनी, बहुत अपनी-सी हो जाया करती हैं हवाएँ
जब सिरज देती हैं फड़फड़ाहटें
खुली किताबों के पन्नों में।

हवाओं में जन्मने लगती हैं कितनी ही आकृतियाँ
कितनी ही आकृतियाँ जैसे जन्मा करती हैं शब्दों से।

कोई सम्राट नहीं होता इन आकृतियों का।
सब अपनी-अपनी बादशाहत में
फहराने लगती हैं झंडे
अपने-अपने लाल किले पर।
और जश्न खत्म हो जाने के बाद की भीड़-सा
खाने लगते हैं चाट-पकौड़ियाँ
अपने-अपने चांदनी चौक में।

इनका मुल्क
बस एक होता है—
फड़फड़ाहट।

सड़क का आदमी

वह गिरा। मुस्कुराया। कराहा।

भीड़ में
अपवाद की तरह मौजूद राजगुरू चीखा—
हटो! हटो! आने दो हवा!
कैसे गिरा!
ज़रूर गिराया होगा विरोधी ने—
उफ् आयी है कितनी चोटें!
बोली भीड़—चोटें! पर कहाँ? दिख तो रही नहीं।

खिंच गए राजगुरू तनते हुए।
कोई चुनाव तो था नहीं
कि विनम्र होते। बोले —
देखते नहीं दर्द—
बस कह दिया—कहाँ, कहाँ! आँख चाहिए।
उठाओ! उठाओ!
ज़रा हाथ लगाओ
और सड़क के इस आदमी को मेरी गाड़ी में लिटाओ।
मुझे संसद जाना है।

कहाँ! कहाँ!
मुँह बनाया राजगुरू ने
जैसे कि धर्मगुरू हों।

अगले चुनाव में
उसी आदमी के पक्ष में हाथ जोड़े

कर रहा था विनती राजगुरू—
जिताओ! जिताओ!
सड़क के इस आदमी को संसद पहुँचाओ।

लोग बेवकूफ तो थे नहीं
सो भूल चुके थे सबकुछ
सुर में सुर मिलाया—
हाँ हाँ, सड़क के इस आदमी को संसद पहुँचाओ।

घर एक उत्सव सामूहिक

घरों के पास होती है एक शक्ति चुम्बकीय।

घरों के पास होते हैं हाथ.. दूर तक फैले ... अदृश्य।
पर नहीं होता अदृश्य
नदी का सा कसा, उन्मुक्त आलिंगन घरों का।
अदृश्य नहीं होता
होंठों पर महकता-सा एक चुम्बन आत्मीय।
अदृश्य नहीं होता
तुतली जबान में झरता-सा एक राग भोला।
और नहीं होता अदृश्य
बुजुर्ग शाख पर फला-सा एक आशीर्वाद।

चाहता है पर घर भी बहुत कुछ।

चाहता है घर ऊर्जा, खुद हमसे हमें ही करने को सुरक्षित।

क्या नहीं है वरना घरों के पास!
घरों के पास है एक उत्सव सामूहिक,
एक सांत्वना,
एक बेड़ा सँभावनाओं का।

एक आरम्भ है घरों के पास और अंत भी।
मनुष्यता खोकर ही गुजर सकता है कोई
घरों के पास से निरपेक्ष।

घावों में छिपी हरकतों पर
बहुत सोचते हैं घर
हमसे छिपाकर
आँसुओं को।

अक्सर ताजा कर दिया करते हैं
बासी पड़े हुक्कों-सी
हमारी रूहों को।

सुखा लिया करते हैं छतों पर
सील गए दानों-सी
हमारी इच्छओं को।

पिघलाते हैं घर, ठहरी हुई मनुष्यता को।

रामसिंह कुछ नहीं सोचता

खूब बरसा इस बार राम जी
अधर कर दिए हैं पाँव
रामसिंह के
लहलहाती, जवान होती फसल ने।

धरती चुचकारता है रामसिंह
और देखता है आकाश।

हर शब्द
झुका-झुका
बोलता है रामसिंह।

डरता है
पड़ न जाए हाय किसी की।

काम लेता है हलीमी से रामसिंह।

नून-तेल की जुगाड़ हैं
जवान होती फसल
जानता है रामसिंह।
हो ले कितनी भी परायी
पर कुनबे की रास है।
अदायगी की आस है
पुरके लिए कर्ज की।

खुश है रामसिंह
जवान होती फसल
नहीं है जवान होती बेटियों-सी।
कितनी जल्दी बढ़ा लेती हैं उम्र
जवान होती बेटियाँ,
कितनी जल्दी
बिना खाद-पानी के ही
सोचता है रामसिंह।

खूड सी सलवटें लिए माथे पर
उठता है रामसिंह
और जा टकराता है
इक्कीसवीं सदी की चौखट से।
बैठ जाता है धम्म से
चकरा कर।

रामसिंह कुछ नहीं सोचता।

उनके लिए जो चले जाते हैं

कुछ लोग होते हैं, जो आते हैं हमारे पास
थकान में नींद की तरह।

कुछ तूफनों की तरह आते हैं,
और कुछ थमी हुई तेज हवाओं की तरह भी।

कुछ आते हैं प्रेरणाओं की तरह
तो कुछ देहरी पर टिके माथों की तरह भी।

कुछ आते हैं
और बस आते हैं
और चले जाते हैं।

पर कुछ आते हैं
जो हमारी मित्रता के बावजूद
विवश, चले जाते हैं
और बस चले जाते हैं।

खतरा खुद टल जाएगा

प्रिय भाइयो!
अच्छा ही किया
मेरे शब्दों के घोड़ों का
साहित्य के अपने-अपने किलों में प्रवेश
निषिद्ध कर दिया।

अच्छा ही किया
सुरक्षा कर्मी भी कर दिए तैनात
खास पृष्ठों पर, अध्यायों पर।

और भी अच्छा है मित्रो
राजा भी तुम्हारा है और मंत्री भी
सेनापति भी तुमसे है और धर्मगुरु भी।

अच्छा है मित्रो, बहुत अच्छा
हर रास्ते पर
तुम्हारे ही नियंत्रण-कक्ष हैं।

पर मित्रो सोचो!
समकालीनता के विशिष्ट अंकों सी
खास गैलरियाँ तुम्हारी सही,
कहाँ है तुम्हारे ये नुक्कड़ और सड़कें भी,
पेड़ों-सी
झूमती गाती अपने ही रंग में
प्रजा भी कहाँ है तुम्हारे साथ?

अपना सको तो अपनाओ इस बात को।

अपनाओ जैसे अपनायी जाती है चिलम हुक्के पर।
खतरा खुद टल जाएगा,
राज भी खुल जाएगा
कि क्यों कम नहीं हो पाती ताकत घोड़ों की
बावजूद आपके निषेध के।

सोचो मित्रो, सोचो
इतने भौंपुओं के बावजूद
क्यों नहीं टिक पाते तुम्हारे
मरियल घोड़े?
क्यों रहते है बिदके से
हर घड़ी?

छिपाया है

जब भी आया है प्यार बहुत
छिपाया है।
सोचा है लगे न नजर,
या चढ़ ही न जाए
चोटी पर
वह, जो प्यार है मेरा।

छिपाया है प्यार
कहलाया हूँ पत्थर।
यूँ जब भी गया हूँ पहाड़ों पर,
पत्थरों से ज्यादा
खुद मैं इतराया हूँ
पत्थरों में उगी हरियाली पर।

बहते
मचलते
रोशनी जलाते जल की
देखे हैं जब झरने
तो रोका है मैंने
झलकने से बाहर
उमड़ते सागर को।
हमारी भाषा में जिसे
हृदय कहते हैं।

गीला
कितना-कितना गीला होता है न जो

हृदय की अंदुरीनी परतों सा।

जो भी हूँ, जैसा भी
जानता हूँ
हूँ तो उसी का
उगा हूँ
आँगन में जिसके।

जो मैंने नहीं चाहा

मुझे आज तक नहीं आया
भिड़ाना तुकें।

मसला जीवन का हो या मृत्यु का
मुझे आज तक नहीं आया
कुछ ऐसा करना
जो मैंने कभी नहीं चाहा।

मसलन
लगाकर मरहम
मुझे आज तक नहीं आया
रुकना
और सुनना
गौरव गान या कुछ ऐसा ही।

अगर लगता है
कि मुझे नहीं लेना-देना
किसी के दु:ख से या सुख से
तो बस इतना भर लगता हूँ सोचने
कि क्यों उठते हैं हर बार ये कदम
उसी की ओर
जिसे जरूरत है मरहम की,
और क्यों तनती हैं मुट्ठियाँ
उसी की ओर
जो पैदा करता है जरूरत
मरहम की।

रखा है मैंने ओट में

सबसे खूबसूरत
अपनी यादों के, आज तक हरे-भरे जंगलों को
रखा है मैंने ओट में ही, आज तक।

सोचते हैं सब यही
एक रूखा
सूखा
इनसान हूँ मैं,
नहीं आया जिसे
सँजो कर रखना
याद तक।

मैं हूँ
की भीगता रहता हूँ निरंतर
हरे-भरे जंगलों की याद में ,
रह-रह के उमड़ते
हृदय से टपकते
मेघों के छींटों से।

जंगलियत

गाय
सूअर
गधा
लोमड़ी
कौन था वह मनुष्य
जिसने इन जानवरों को
जानवर तक नहीं रहने दिया।

अपना साथ दे
इन्हें भी
सवर्ण और दलित बना कर छोड़ा।
गनीमत है
जंगलियों में फिलहाल जंगलियत है।

हुआ था दुनिया में एक कवि

हुआ था दुनिया में एक कवि
तड़फ-तड़फ कर कहा था जिसने
मत जलाओ मूर्खो, पुतला किसी का
क्यों न हो वह क्रूर या शातिर,
पापी या पीड़क,
अथवा बाहर बर्दाश्त के।
मत जलाओ निर्जीव पुतला उसका।

बकवास है सब
कुछ भी नहीं ज्यादा
एक नशे के नाच से
यह पुतला जलाने का जश्न।

अधिक से अधिक तमाशा है,
एक उत्सव है
अपनी कमजोर-खिसयायी नसों पर
डालने को परदा।

जलाना है
तो जला दो खुद उसी को
कर दो राख उसे जलाकर
हमेशा के लिए।

हो जाओ मुक्त उसे मोक्ष देकर,
और भूल जाओ
कि था भी कभी वह।

नहीं रहता जो

नहीं रहता जो
आता है वह भी हममें
सपने के सच- सा।

अभिभूत भी करता है
और विचलित भी
सपने के टूटने-सा।

देर तक हम रहते हैं उत्सुक
बाँधे इच्छाओं की गट्ठरी
कि आ जुड़े टूटा हुआ सपना फिर एक बार।

फिर एक बार
अपने पूर्वजों को कर-कर याद
हम कितना प्यार कर लेते हैं खुद को
शायद अथाह।

वह, राजा और वैद्य

था बियाबान
और घोर अँधेरा
भूख लगी थी

राजा ने वे
भुने चने ही
खाए उसके
वह जो
हाथ जोड़ कर खड़ा
डरा हुआ था।

महल पहुँचते
हुआ पेट में दर्द
जोर से

वैद्य बुलाया,
बोला
किसने राजन
था तुमको जहर खिलाया?

वह जो
डरा हुआ था
गलत डरा था?

www.ingramcontent.com/pod-product-compliance
Lightning Source LLC
LaVergne TN
LVHW010800051026
849532LV00007B/2423
* 9 7 8 9 3 9 0 9 1 6 5 2 8 *